역사를 읽으면 통찰력을 얻는다
중국역사를 읽으면 중국으로 가는 길이 보인다

21일간의 이야기만화 역사기행

만리 중국사

COMIC VERSION OF CHINESE HISTORY 4, 5

Copyright ⓒ 中国美术出版社总社连环画出版社; 编绘: 孙家裕; 主笔: 欧昱荣
Korean translation copyright ⓒ 2013 by Korean Studies Information Co., Ltd.
Korean translation rights of 《COMIC VERSION OF CHINESE HISTORY》
arranged with LIANHUANHUA PUBLISHER directly.

21일간의 이야기만화 역사기행

만리 중국사

02권 춘추전국 1

초판인쇄	2014년 1월 15일
초판 2쇄	2019년 1월 11일

글 · 그림	쑨자위
글	어우위룽
옮긴이	류방승
펴낸이	채종준
기획	권성용
편집	정지윤, 백혜림
디자인	박능원, 이효은
마케팅	송대호, 정경철, 이행은

펴낸곳	한국학술정보(주)
주 소	경기도 파주시 문발동 파주출판문화정보산업단지 513-5
전 화	031) 908-3181(대표)
팩 스	031) 908-3189
홈페이지	http://ebook.kstudy.com
E-mail	출판사업부 publish@kstudy.com
등 록	제일산-115호(2000.6.19)

ISBN	978-89-268-5418-1 14910
	978-89-268-5416-7 14910 (set)

이 책의 한국어판 저작권은 中国美术出版社总社连环画出版社와 독점계약한 한국학술정보(주)에 있습니다.
저작권법에 의하여 한국 내에서 보호를 받는 저작물이므로 무단전재와 복제를 금합니다.

02권 춘추전국 1

대변혁의 시대, 새 판을 짜다

쑨자위 글·그림
어우위롱 글

만리
중국사

21일간의 이야기만화 역사기행

이담 Books

　중국은 세계 4대 문명 발상지 가운데 하나다. 중화 문명은 아득히 먼 옛날부터 수천 년 동안 전해져 내려오며 상고上古, 하夏, 상商, 주周, 춘추春秋, 전국戰國, 진秦, 서한西漢, 동한東漢, 삼국三國, 서진西晉, 동진東晉, 남북조南北朝, 수隋, 당唐, 오대십국五代十國, 송宋, 요遼, 서하西夏, 금金, 원元, 명明. 청淸 등의 역사 시대를 거쳤다.

　중화 문명은 세계에서 가장 오래된 문명이자 가장 오래 지속된 문명이기도 하다. 중화 문명과 어깨를 나란히 한 문명으로는 고대 바빌론 문명, 고대 그리스 문명, 고대 이집트 문명 등이 있다. 어떤 문명은 중국보다 먼저 발생하고, 또 범위도 훨씬 넓었지만 이들은 이민족의 침입 혹은 스스로의 부패로 인해 멸망하여 결국 기나긴 역사 속에서 연기처럼 사라져 버렸다. 중국만이 세계에서 유일하게 문명 대국을 자랑하며 유구한 역사를 이어 오고 있다.

　수천 년 동안 중화 민족은 무엇에도 굴하지 않는 강인한 의지와 과감한 탐구 정신, 총명한 지혜로 웅장한 역사의 장을 엶과 동시에 눈부시게 찬란한 물질문명과 정신문명을 창조했다.

　이 책의 편집 제작은 정사正史를 바탕으로 진실하고 객관적인 사실을 전달하는 데 주력했다. 또한 역사를 만화 형식으로 풀어 씀으로써 독자들이 아름답고 다채로우며 생동감 넘치는 장면을 느끼리라 기대한다. 독자 여러분들이 쉽고 재미있게 읽는 가운데 역사를 직접 느끼고 역사에 융화되어 깨닫는 바가 있기를 바란다.

지롄하이紀連海
중국 CCTV '백가강단百家講壇' 강사

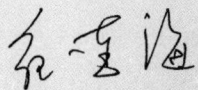

대변혁의 시대,
새판을 짜다

　주나라가 견융의 침입을 받아 낙읍으로 천도한 기원전 770년에서 기원전 403년까지의 시기를 춘추시대, 한韓·조趙·위魏가 진晉을 삼분한 기원전 403년부터 진秦이 중국을 통일한 기원전 221년까지를 전국시대라고 칭한다. 춘추전국시대는 중국 역사상 분열과 대결이 가장 치열하고 오래 지속된 시기이다.

　춘추시대 주나라 세력의 약화로 제齊 환공桓公, 송宋 양공襄公, 진晉 문공文公, 진秦 목공穆公, 초楚 장왕莊王이 차례로 패권을 차지했다. 이를 가리켜 '춘추오패春秋五覇'라고 부른다(일설에는 송 양공과 진 목공 대신 오왕吳王 합려閤閭와 월왕越王 구천勾踐을 넣는다).

　춘추시대 초기에 약 140개에 달하던 제후국은 360년간의 전쟁을 거치면서 전국시대 초기에 겨우 20여 개밖에 남지 않았다. 그중 세력이 막강했던 진秦·제齊·조趙·위魏·한韓·초楚·연燕의 7개 나라를 '전국칠웅戰國七雄'이라고 칭한다.

　춘추전국시대는 중국 역사의 대변혁 시기였다. 먼저 사회 생산력이 눈부시게 발전했다. 철기와 소갈이가 널리 보급되고, 천문학·의학·물리학 등 자연과학이 크게 발전하여 일부 과학기술 성과는 당시 최고 수준에 도달했다. 또한 예악禮樂이 붕괴되면서 주나라 통치 질서가 와해되고 제후들이 패권을 다투느라 전쟁이 끊임없이 벌어졌다.

　이런 분열 시기에 현실적인 개혁 요구에 부응하는 다양한 사상적 경향으로 등장한 제자백가諸子百家는 중국 문화와 사상의 골격을 형성했다. 제자백가는 인간 중심적인 사상을 지향하면서 현실 정치의 문제에 관심을 기울였고, 지식의 적극적인 공개와 교육을 통해 학파를 형성했으며, 평화주의적인 입장을 강조하기도 했다. 주요 학파로는 유가, 묵가, 도가, 법가가 있었다. 이로 인해 사상과 문화가 전에 없이 번영한 춘추전국시대는 중국 사상사의 황금기를 이룩했다.

　각국의 치열한 전투와 경쟁 속에서 상앙은 변법을 시행해 진나라의 부국강병을 신속하게 이루었다. 이를 계기로 후발주자인 진나라는 우위를 선점하고 잇달아 다른 제후국을 병탄하여 영정(진시황)이 마침내 통일 대업을 완수했다.

상고 上古	B.C. 약 800만~2000년	
하 夏	B.C. 2070~1600년	
상 商	B.C. 1600~1046년	
주 周	B.C. 1046~771년	
춘추 春秋	B.C. 770~403년	
전국 戰國	B.C. 403~221년	
진 秦	B.C. 221~206년	
한 漢	서한 西漢	B.C. 206~A.D. 25년
	동한 東漢	25~220년
삼국 三國_위 · 촉 · 오	220~280년	
양진 兩晉	서진 西晉	265~317년
	동진 東晉	317~420년
남북조 南北朝	420~581년	
수 隋	581~618년	
당 唐	618~907년	
오대십국 五代十國	907~960년	
송 宋	북송 北宋	960~1127년
	남송 南宋	1127~1279년
요 遼	907~1125년	
서하 西夏	1038~1227년	
금 金	1115~1234년	
원 元	1271~1368년	
명 明	1368~1644년	
청 淸	1644~1911년	

춘추 春秋

- B.C. 770년 주 평왕의 낙읍 천도(동주 시작)
- B.C. 770년 진秦 나라의 흥기
- B.C. 722년 정 장공이 공숙단의 난을 평정, 『춘추』 편찬
- B.C. 720년 주 왕실과 정나라의 인질 교환, 정나라의 발흥
- B.C. 719년 위나라에서 주우의 난 발생
- B.C. 707년 주 환왕의 친정, 수갈 전투
- B.C. 704년 초나라가 왕을 칭함.
- B.C. 689년 위 혜공의 망명과 복위
- B.C. 685년 제 환공 즉위, 관중을 기용하여 부국강병을 이룩함.
- B.C. 684년 제나라와 노나라 간의 장작 전투
- B.C. 682년 송나라에서 남궁장만의 난 발생
- B.C. 681년 제 환공의 패권 확립
- B.C. 663년 제 환공이 연나라를 구하고 산융을 공격
- B.C. 660년 제 환공이 위나라를 안정시킴.
- B.C. 656년 제 환공이 초나라를 공격
- B.C. 651년 규구의 맹약
- B.C. 632년 진晉나라와 초나라의 성복 전투, 진晉 문공이 패왕을 칭함.
- B.C. 626년 진秦 목공의 서융 정벌
- B.C. 620~614년 수년간 진秦 나라와 진晉나라의 전쟁

차례

춘추 下

춘추 上

춘추 上

春秋

인물소개

정鄭 장공莊公
이름은 오생寤生.
정나라 3대
임금으로 임기
응변에 능하고
외교에 뛰어났다.

견융犬戎
중국 고대
이민족 중 하나.
지금의 섬서성陝西省·
감숙성甘肅省
일대에서
활약했다.

주周 환왕桓王
성은 희姬, 이름은 림林.
주 평왕平王의 손자로
수갈繻葛 전투를
일으켰다가
참패했다.

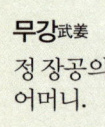

무강武姜
정 장공의
어머니.

주우州吁
위衛 장공莊公의
아들로 춘추시대
최초로 임금을 죽이고
왕위를 찬탈한 인물이다.

석작石碏
춘추시대
위나라 사람으로
반란을 일으킨
아들 석후를
죽이는 대의
멸친을 행했다.

석후石厚

석작의 아들로
주우와 함께
어울리며
망나니짓을
일삼다가 후에
아버지에게
죽임을 당했다.

포숙아鮑叔牙

춘추시대 제나라
대부大夫로 관중과
친구 사이다.
후대 사람들은
'관포지교管鮑之交'
라는 말로 이들의
두터운 우정을
칭송했다.

제齊 **환공**桓公

성은 강姜,
이름은 소백小白.
제나라의
16대 임금으로
춘추오패 중
첫 번째 패자이다.

관중管仲

춘추시대의
위대한 정치가로
제 환공이
최초로 패업을
이루도록 옆에서
보좌했다.

조귀曹劌

춘추시대
노魯나라 대부로
유명한 군사
이론가이다.

위 의공懿公

성은 희,
이름은 적赤.
학을 너무 좋아
하여 정무를
멀리하는
바람에 국력이
쇠약해졌다.

시대별지도 — 춘추 春秋

연燕

진晉
위衛
제齊

융戎
진秦
노魯

낙읍洛邑
주周 ⊙
송宋
오吳

촉蜀
정鄭

조楚
월越

낙읍 천도로 동주의 시대가 열리다

견융은 주 유왕을 죽인 후 호경에 눌러앉아 날마다 술을 마시고 즐기며 돌아 갈 뜻이 전혀 없었다.

우헤헤헤, 이곳이 소굴인 내 집보다 훨~씬 즐겁구나!

대왕, 오늘 빼앗은 보물입니다.

어디 보자. 오늘도 싹 쓸어 왔느냐?

15

헌데 일부
백성들은 죽어도
재물을 내놓으려
하지 않습니다.

그걸 말이라고
하는 게냐? 아예 집을
불살라 버려라!

신후님, 견융은
왜 돌아가지 않죠?
백성들이 그의
약탈에 못 살겠다고
아우성입니다.

음...
국고의 보물을
다 내줬는데도
가질 않으니……

이리를
끌어들였다고
원망하는 사람이
많습니다.

이미 진秦, 위衛,
진晉 제후에게
도와 달라는
편지를 보냈다.

정나라 세자
굴돌掘突에게
아버지 정백우가
견융에게 살해
됐다는 소식을
알려라.

예!

16

정나라

내 손으로 꼭 아버지의 원수를 갚고 말겠어!

공자 성은 병거 3백대를 이끌고 나와 함께 견융을 공격한다!

불끈

예!

호경

성문에 개미 새끼 한 마리 안 보이는 게 아무래도 수상 합니다.

내가 복수하러 온다는 소문을 듣고 숨은 게 틀림없다.

17

그래도 제후들을 기다렸다가 함께 공격하시죠.

아니다. 군사의 사기가 충만한 지금이 바로 공격의 적기다!

와~

웬 북소리?

으, 이 느낌은?!

와아~

큰일 났습니다. 견융의 복병이 후방에서 공격해 들어옵니다.

이런, 계략에 빠지고 말았어!

둥둥둥!

둥둥~

젠장,
견융의 대군이
성문을 열고
몰려오잖아!

견융의 협공을
당해내기란
어렵습니다.

그러게,
내가 뭐랬어?

그대의 말을
듣지 않은
내 잘못이다.
이젠 어쩌지?

위나라 복양이
여기서 멀지
않습니다. 그곳에
가서 후일을
도모하시죠.

그러세.

위 무공 이십니다.

저는 정나라 세자 굴돌입니다. 함께 견융을 공격하시죠!

위나라가 이번 토벌에 힘을 보태 겠네. 진秦, 진晉 두 나라도 곧 당도 할 걸세.

듣던 중 반가운 소식 입니다!

진秦 양공과 진晉 문공께서 도착했다고 합니다.

네 나라 군대가 함께 공격한다면 견융을 쉽게 물리칠 수 있을 것이오!

적군이 쳐들어오는데 금은보화를 많이 가지고 있으면 매우 위험합니다.

맞는 말이야. 그럼 어떡하지?

군대를 시켜 보물을 본국으로 운반하면 뺏길 염려가 전혀 없습니다.

옳지!

왜 그 생각을 못 했지? 하하!

바보 같은 놈, 걸려들었군! 흐흐……

견융의 군대가 보물을 싣고 호경을 떠나자 이 틈을 노린 제후 연합군이 공격을 개시했다.

공격하라!

앗! 무슨 일이지?

대체 무슨
일이냐?

제후
연합군이
쳐들어옵니다!

제길,
병력을 분산
시키려는
신후의 계략에
걸려들다니.

지금 병력으론
연합군의
상대가 되지
못해.

그럼 이제
어쩌면 좋죠?

달아나는
수밖에
없다.

네에?

동, 남, 북문이
모두 돌파
됐습니다!

뭐...뭐?
서문은?

서문에는
적군이
없습니다.

좋다!
죽으란 법은
없군. 서문으로
달아난다!

우다다다

22

23

견융이 호경에서 쫓겨난 후 제후들은 태자 의구를 왕으로 삼았다. 기원전 771년, 의구가 호경에서 주 평왕平王으로 즉위했다.

도성은 견융이 쓸고 간 후 초토화되었구나.

국고의 재물도 터~엉 비어 나라를 재건하긴 불가능하겠어.

이곳이 궁궐인지 폐허인지 분간이 안 가니, 원.

견융이 또 국경을 침범하고 있습니다.

뭐시라?!

견융은 이곳 지리에 밝아 맘만 먹으면 다시 도성까지 쳐들어올 수 있습니다.

빨리 방법을 찾아 봐라!

그래!

낙읍으로 천도하는 거야! 궁궐도 이미 갖춰져 있고, 견융의 침입을 걱정할 필요도 없잖아?

정말 좋은 방법인데요.

대신들과 논의하러 가야겠다!

선왕들이 호경에 도읍을 정하고 다시 낙읍을 동쪽 수도로 삼은 건 왜죠?

넹?

음…

갑자기 무슨?

낙읍은 천하의 중심이라 편하게 제후의 조공을 받으려고 세웠습니다.

그렇담, 이참에 아예 낙읍으로 천도하는 건 어떨까요?

호경의 궁실이 파괴되고 견융의 침입도 잦으니 천도에 적극 찬성합니다.

낙읍이 견융의 침입을 피할 수는 있겠지만 사방으로 공격받기 쉬운 지형이라

천도 후에 왕실이 쇠락할까 염려됩니다.

당장 소나기를 피하려면 천도 외엔 달리 방법이 없소.

기원전 770년, 평왕은 제후의 호송을 받으며 낙읍으로 도읍을 옮겼다. 낙읍 천도를 기준으로 그 이전은 서주西周, 그 이후는 동주東周라고 부른다.

주 왕실과 정나라 간의 끊임없는 반목

정 장공은 정 무공의 작위를 이어받아 주 왕실의 재상을 담당했다. 그는 적극적으로 세력을 확장하여 북융을 공격하고 왕실 권력을 독점했다. 이로 인해 평왕의 큰 불만을 샀는데……

낙읍

괵공, 장공이 조정을 쥐고 흔들지 못하도록 그대가 재상을 맡아 주시오.

그러다가 장공과 사이가 틀어지면 어쩌시려고요?

그건……

27

장공이 찾아 왔습니다.

갑자기 왜?! 설마 괵공과의 일을 알아챈 것 아냐?

저벅

저벅

오…오랜만이오, 장공. 요즘 어찌 지내시는가?

폐하가 괵공을 재상에 임명한다면 저는 기꺼이 물러나겠습니다.

제길, 저놈이 그걸 어떻게 알았지?

다 헛소문이니 엉뚱한 생각 마시게.

흥!

못 믿겠다면 공자 호를 정나라에 인질로 보내겠네.

공자 호가 내 수중에 있으면 허튼짓은 못 할 거야.

기원전 720년, 평왕이 세상을 떠나고 공자 호가 귀국하던 중 병사하자 평왕의 손자인 희림이 환왕에 올랐다.

엉엉, 장공이 아버지를 살해한 게 틀림없어!

괵공, 그대가 지금 당장 재상에 오르시오. 내 다신 장공을 안 볼 것이오!

폐하, 그건 안 될 말씀입니다.

그대도 내 명령을 거역하는 것이오?

아…아닙니다. 폐하의 명에 따르겠습니다.

정나라 수도

신정新鄭

제족*, 폐하가 괵공을 재상에 임명했네.

정나라 군주가 대대로 재상을 지냈는데 하루 아침에 바꿨군요. 나…원 참!

이참에 낙읍으로 쳐들어가 우매한 임금을 쫓아내시죠!

지금은 바야흐로 보리 수확철. 낙읍 부근의 보리가 아주 잘 자랐다던데요.

그 말뜻인 즉슨……

신하가 임금을 공격했다간 불충하다는 비난을 받는다.

* 제족祭足
뛰어난 책사로 정나라가 곤경에 처할 때마다 묘책을 내 위기에서 구했다.

30

쓰윽싹

쓱싹

감히 폐하의
밭에서 무슨
짓이오?

흠,
왔군!

정나라에 흉년이
들어 폐하께
양식을 좀 빌리려
합니다.

폐하의 명
없이는 절대
안 된다!!!

우리 군사들이
알아서 벨 테니
폐하를 귀찮게
하지 마시오.

뭐라? 기…
기다려라!

그래, 얼른
군사를 보내라.
그래야 우리가
출병할 이유가
생기지.

음… 만약 폐하가 묵인한다면 그때 조정에 들어가도 늦지 않아.

정나라 군사들이 보리를 죄다 베고 있습니다.

내… 내 보리!

악!!!

국고가 비어 그 보리만 믿고 있었는데…… 올 겨울 어떻게 나야 한단 말인가?

당장 정나라를 토벌하라!

잠깐! 지금은 적절한 공격 시기가 아닙니다.

이는 정나라의 덫! 우리가 출병한다면 장공에게 낙읍을 공격할 구실만 주게 됩니다.

덫?!

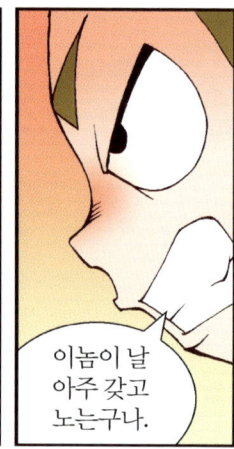

이놈이 날 아주 갖고 노는구나.

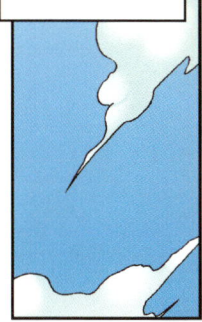

괵공은 양측의 충돌을 막기 위해 거듭 환왕을 만류했다.

저들이 출병하지 않은 건 감히 나와 맞서지 않겠다는 뜻이잖아. 보기보다 영리한걸.

내가 궁으로 가 죄를 청하는 건 어떻소?

지금이 왕실과의 갈등을 완화할 절호의 기회입니다. 그 김에 멋대로 보리를 벤 저도 가 죄를 청하겠습니다.

낙읍

장공이 알현을 청합니다.

흥, 지금 몹~시 바쁘니 밖에서 기다리라 하시오.

꿍~

폐하 ……

33

푸대접당하는 기분이 어떤지 이번에 아주 똑똑히 맛보게 될 것이다!

정오가 다 됐는데 아직도 우릴 부르지 않다니!!

제족, 나 슬슬 열 받으려고 해.

이건 일부러 군기를 잡으려는 수작이야!

우리 호의를 이렇게 무시해도 되는 겁니까?

쌔앵

정나라가 멋대로 노, 허 두 나라와 토지를 교환하다니. 아주 뵈는 게 없군!

욕심이 끝도 없는 저들을 더는 두고 볼 수 없다!!!

폐하 ……

더 이상 말릴 생각 마시오. 이번에는 아주 끝장을 볼 테니.

어쩔 계획 이십니까?

장공의 작위를 취소하고 경상 직에서 파면하라! 진陳, 채, 위 세 나라는 함께 정나라 토벌에 나선다!

신정

크…큰일 났습니다. 폐하가 연합군을 거느리고 공격해 옵니다!

폐하가 직접 올지는 몰랐는걸. 좋아, 내가 친히 나가서 맞아주지.

주군은 어쨌든 주나라의 신하인데 직접 맞서는 건 보기 좋지 않습니다.

나도 다~ 생각이 있소. 폐하 체면은 살려 줘야지.

기원전 707년, 주 환왕은 연합군을 거느리고 정나라 대군과 수갈에서 결전을 펼쳤다.

총공격 하라!

와와~

다다다

* 어리진魚麗陣
고기 떼처럼 전차와 보병을 밀착시켜 전차병이 부상을 입거나 쓰러질 경우 이를 따르던 보병이 신속히 전차에 올라 전차 전력을 최대한 유지하는 진법이다.

보아라,
명중이다!

전군은
철수하라!

징을 쳐 군사를
물려라! 폐하
체면은 살려
줘야지.

수갈 전투에서 대패한 후 주
왕실의 권위는 땅에 떨어졌
다. 이때부터 제후들은 주
왕실을 안중에 두지 않았고,
본격적인 춘추春秋 패권 경
쟁 시대가 시작되었다.

황천에서 어머니를 만난 정 장공

주 평왕이 낙읍으로 천도한 후 정 무공武公은 조정이 어지러운 틈을 타 동괵과 회 땅을 병탄하고 도읍을 신정으로 천도했다. 이로써 정나라의 국력은 갈수록 강성해졌다.

무강, 정나라의 패업을 이루기엔 난 이제 늦은 것 같소.

정나라가 강대해지려면 유능한 단段을 후계자로 삼으셔야 해요.

장자인 오생을 함부로 폐할 수는 없소.

오생을 낳을 때 난산으로 하마터면 죽을 뻔했다구요!

단을 믿고 맡겨 보세요.

음... 그럼 단에게 공성을 봉지로 내리리다.

흥!

꼴랑 공성이라니!

기원전 744년, 정 무공이 병사하고 오생이 13살의 나이로 즉위했다. 그가 바로 정 장공이다.

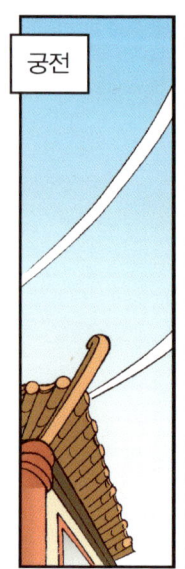

궁전

무슨 일로 급히 부르셨습니까?

너는 수백 리 땅을 물려받았는데 네 동생은 코딱지만한 공성에 있는 게 말이 되느냐?

동생에게 제읍을 내리는 건 어떠냐?

제읍은 요충지입니다. 선왕의 유명이 있어 그건 곤란합니다.

이게 정말?!

그럼 경성이라도 봉해 주거라!

네?! 경성을요?

이래서 안 된다, 저래서 안 된다. 단을 아예 정나라 에서 쫓아낼 심산인 게냐?

아…아닙니다. 어머니 뜻대로 단에게 경성을 봉하겠습니다.

제족, 어머니가 경성을 단에게 주라고 하는데, 어찌 생각하시오?

경성은 도성인 신정보다 넓고 인구가 많습니다. 절~대 단에게 넘겨서는 안 됩니다.

단이 어머니를 믿고 멋대로니 분명 큰 재앙이 될 것입니다.

어머니의 뜻이라 거역할 수도 없고 ......

궁전

공자려, 이 밤중에 무슨 일이오?

다름이 아니라…

단이 서북 변경을 장악하고 언과 늠연까지 점령했다고 합니다. 만일 국모와 반란을 모의한다면 주공이 위험에……

단이 아직 야심을 밖으로 드러내지 않았소.

지금 그를 정벌한다면 어머니가 저지할 게 뻔하고 사람들도 나를 불효하다고 손가락질할 것이오.

그러면 주공이 주 임금을 알현하는 척하고 나라 안이 빈 것처럼 꾸며 그의 반응을 보면 어떨까요?

단이 정말로 반역을 꾀하러 온다면 그때 정벌해 버리면 됩니다.

좋은 방법이오! 그럼 어머니도 할 말이 없겠지.

국모가 단에게 보낸 밀서입니다.

오호!…

어머니가 어찌 단에게 모반을 부추긴단 말인가!

단에게 똑같은 내용의 서신을 보내고 회신을 가져 오시오.

옙!

경성

당장 어머니께 드릴 회신을 써 주겠다.

5월 초닷새 성 위에 백기가 걸리면 진공하라는 신호로 알겠습니다.

쓱~ 쓱~

44

단이 국모에게 보낸 밀서 이옵니다.

단이 반란을 꾀했다는 증거가 있으니 어머니도 어쩔 수 없겠지?

우다다다

큰일 났습니다! 경성이 공자려 에게 점령 되었습니다.

빨리 언성으로 군대를 돌려라!

언성도 장공에게 공격당하고 있습니다.

공성으로 가는 수밖에 없구나. 끙......

공성

젠장 애초에 반란 같은 건 꾸미지 말걸......

서신을 보내신 어머닌 대체 뭐하시는 거야?

장공과 공자려가 공격해옵니다!

형님이?!

어머니가 날 망친 거야. 무슨 면목으로 형님을 보겠는가!

푸욱!

아우야!

어머니가 널 편애하지만 않았어도 이 지경까지 이르진 않았을 텐데.

국모를 영성에 가두시오. 내 황천에 가기 전까지 맹세코 어머니를 만나지 않겠노라!

예!

짹짹

어머니는 영성에서 어떻게 지내실까? 내가 너무 심했던 건 아닐까?

47

황천에 가기 전까지 만나지 않겠다고 맹세한 터라……

남아일언 중천금인데……

영성의 영고숙이 찾아 왔습니다.

영고숙이? 얼른 모셔라!

주상께서 높은 누대를 지어 국모가 그리울 때마다 올라가 영성을 바라본다 들었습니다.

그렇소. 어머니는 살아 계시지만 효도 할 길이 없어 답답할 뿐이오.

제게 맹세를 어기지 않으면서도 어머니를 만날 좋은 방법이 있습니다.

정말로요?

사실 황천은 지하의 샘물입니다. 따라서 지하에 통로를 만들면……

여차여차~

계속 파면 곧 샘물이 보일 것이다!

힘내자고!

진짜 샘물이다!

정말!

지하 통로가 완성되었으니 가셔서 어머니를 만나십시오.

대단하시오!

오생아~

어머니!

불효자 때문에 고생이 많으십니다.

아니다, 내가 나빴다.

어머니를 만난 건 다 그대 덕분이니 대부에 봉하겠소!

네?… 가… 감사… 하옵니다!

50

대의멸친을
실천한 석작

대의멸친大義滅親
대의를 위해서는 친족도 죽인다는 뜻으로 나라와 민족을 위한 일에
사사로운 정은 끊어야 한다는 말이다.

위 장공衛公에게는 희완, 희진, 주우 세 아들이 있었다. 위 장공은 그중 힘이 아주 세고 병법을 좋아한 주우를 가장 총애했다.

우리 아들
최~고!
우쭈쭈

석후, 사냥하러 가자!

좋은 아침~♪

안 돼!!
사냥 금지령
내려진 것 몰라?

에이, 걱정
붙들어 매셔.
우리 아부지가
계시잖아!

넌 좋겠다. 우리 아버진 사사건건 간섭만 하셔. 아주 답답해 미쳐~버리겠어!

너희 아버지 어디 아프신 거 아냐? 우리 집으로 와. 매일 사냥이나 다니게.

앗싸!! 이제 해방이로구나!

슥싹

슥싹

와아~

어딜 달아나려고?

52

앗!
주우다!

빨리
쫓아라!

퍽!

아얏!

그러게 누가
막고 서 있으래?
죽어도 싸다!

저…
가증스런 놈!

주우의 성격이
잔혹하니 주공께서
엄히 가르치셨으면
합니다.

석작, 주우가
무슨 말썽을
일으켰소?

53

아이가 장난이 심해 그런 것 뿐이오. 큰일이 난 것도 아니니 개의치 마시오.

주공이 주우를 총애해서 어떤 말도 소용이 없구나.

위 장공이 죽고 장자인 희완이 작위를 계승해 환공으로 즉위했다. 환공은 성격이 유약하여 주우는 그를 크게 깔봤다.

형 하나 쯤이야!

굿 뉴스야! 아버지가 고향으로 돌아가신대!

하하! 이제 우릴 건드릴 자는 아무도 없구나!

짝

들었어? 주 평왕이 죽고 환왕이 즉위해서 주공이 알현하러 간다던데.

그~으래?

드디어 왕위를 뺏을 기회가 왔군!

형님을 위해 특별히 송별연 자리를 마련했습죠.

쭈~욱 마셔라!

아우가 이리 극진히 대접해 주니 너무 감동이야!

형님, 이번에 잘 다녀오십시오!

고맙구나!

흥! 멍청하기는. 오늘이 바로 네 제삿날이다!

56

또 반항해
보시지?

윽!

새 주공께
인사
올립니다!

하하하!
드디어 내가
왕이 됐도다!

기원전 719년, 주우
는 위 환공을 죽이고
왕위에 올랐다. 그가
곧바로 장정들을 징
발해 정나라를 공격
하면서 백성을 혹사
시키고 물자를 축내
자 원성이 자자했다.

전쟁에서
이겼는데도
백성들의 불만이
많으니, 원.

제 아버지 석작이
대부를 지낼 때
백성들이 모두 성심을
다하여 따랐습니다.
아버지를 다시 부른
다면 민심이 안정
될 것입니다.

그렇구나!
빨리 석작을
모셔 와라.

예!

석후는 한걸음에 아버지 석작을 찾아가 주우가 중용하겠다는 말을 전했다.

무슨 일로 날 찾아왔느냐?

주공이 어진 인재를 등용하여 아버지에게 국정을 맡기시려 합니다.

지금 민심이 불안하니 나라를 안정시킬 좋은 방법을 가르쳐 주세요.

제후는 천자가 임명해야 즉위할 수 있다. 주우가 천자를 알현하고 봉작을 받으면 민심은 자연스럽게 안정된다.

당장 주공에게 알리겠습니다!

천자가 봉작을 내리지 않으면요?

천자는 진 환공을 가장 총애하신다. 천자에게 잘 말해 달라고 환공을 찾아가면 어떠냐?

마침내 저 두 역적 놈을 없앨 기회가 왔구나!

이 서신을 속히 진나라 대부 자침에게 전하라.

예!

진나라

자침, 주우가 천자에게 잘 말해 달라며 많은 보화를 가지고 찾아왔는데 청을 들어주는 건 어떻겠나?

절~대 불가합니다!

석작이 주우와 석후 두 도적놈을 없애겠다는 혈서를 보내왔습니다.

하지만 주우는 위나라 군주잖나?

그는 형을 죽이고 왕위를 뺏었습니다. 주공은 이 화근을 없애는 데 힘을 보태십시오.

들고 보니 그렇군. 내일 태묘에서 주우를 만날 때 그를 잡아라.

예!

59

태묘

이건 무슨 뜻입니까?

위나라 선군이 남기신 유훈입니다. 별 뜻은 없습니다.

하하, 너무 민감하게 반응하지 마.

니가 우리 아버질 몰라서 그래, 임마!

주공을 걱정해서가 아니라……

불충한 석후와 불효한 주우를 당장 체포하라!

석작이 간계를 꾸며 우릴 진나라로 보낸 거였어.

아부지~ 전 아들인데, 어찌 저까지!

진나라가 주우와 석후를 사로잡았습니다.

앗싸!

OK!

잘 됐다!

잔인무도한 주우를 사형에 처하십시오!

당장 사람을 보내 그의 목을 베어라!

또한 석후는 ......

설마?

주우의 반역을 도운 이 불효자는 내 손으로 직접 처리하겠다!!!

진정?

대인께 하나밖에 없는 귀한 아들이니 가벼이 처벌하심이……

나라와 민족을 위한 일에 사사로운 정은 끊어야 하는 법!

먼 길 가기에는 대인의 연세가 많으십니다. 제가 대신 대인의 뜻 받들겠습니다.

좋다, 석후의 머리를 내 앞에 가져 와라!

석작은 진나라의 힘을 빌려 주우와 석후를 제거하고 희진 (위 선공)을 옹립했다. 후대 사람들은 석작의 이런 행동을 '대의멸친'이라 부르며 칭송했다.

62

관중과 포숙아의 두터운 우정

춘추시대 제나라에는 관중과 포숙아라는 친한 친구가 있었다.

관중, 이건 이번 장사에서 번 자네 몫일세.

고마우이.

관중은 자본금도 얼마 안 냈는데 배당금이 많아서 땡잡았네!

시끄럽다!

저는 다만……

그래, 돈을 덜 낸 내가 더 많이 가지는 건 이치에 맞지 않아.

얼마 후 제나라는 다른 나라와 전쟁을 벌였고 포숙아와 관중도 이 전쟁에 참가했는데……

어라, 관중이 어디 갔지?

벌써 후방으로 피했습니다.

목숨을 아까워하는 겁쟁이였군요.

오해하지 말게.

그 친군 돌봐야 할 노모가 계셔서 그런 거라고.

징—

퇴각 신호다!

어머니 ......

관중, 이 겁쟁이가 공격은 소극적이면서 퇴각은 누구보다 빠릅니다!

다다다

훗날 관중과 포숙아는 각각 제나라 공자 규*와 소백의 스승이 되었다.

마침내 뜻을 펼칠 기회가 왔네!

이 모든 게 자네가 많이 도와준 덕분일세!

그런 소리 말아. 우린 친구잖아.

응, 친구!

제나라 조정이 혼란스러워 두 공자 중 누가 왕이 될지 갈피를 잡지 못하겠어.

누가 왕이 되던 그땐 우리 서로 상대방을 추천하기로 하세!

약속하지!

*규糾
소백의 형으로 왕위 다툼에서 패해 죽임을 당했다.

기원전 685년, 제나라에 내란이 일어나 포숙아는 공자 소백을 모시고 거나라로, 관중은 공자 규를 모시고 노나라로 달아났다. 얼마 후 반란으로 제 양공襄公이 살해되는데……

노나라

관중, 내 직접 공자 규를 호송해 제나라로 가 그를 왕으로 세우겠소!

예, 저… 호의는 감사합니다만……

다만 뭐요?

공자 소백이 제나라와 가까운 거나라에 있습니다. 만일 그가 먼저 제나라로 가면 일이 귀찮아집니다.

그를 막을 수 있도록 군대를 내어 주십시오!

그럼 별 수 없군. 군대를 이끌고 바로 출발하시오!

감사합니다.

68

다다다

이럇!

소백 공자님, 서둘러 제나라로 돌아가야 합니다!

거나라가 노나라 보다 제나라에서 가까워 우리가 먼저 도착할 수 있는데.

왜 이리 서두는 것이오?

관중은 만만한 상대가 아닙니다. 분명 우리 길을 막으려 들 겁니다.

다그닥-

앗! 저기 관중이 보이오!

공자님, 어딜 그리 급히 가십니까?

끙... 멀미도 참아 가면서 달렸는데, 따라잡혔구만!

부친이 돌아가셔서 귀국 중이네.

장례는 장남인 공자 규가 주관해야 옳습니다. 예를 어기고 윗사람을 범할 생각입니까?

관중, 각자 섬기는 주인이 있으니 그만 떠들게!

이랴!

다다다다

내 주인은
내가 지킨다!

흥! 당신이
자초한 일이니
나를 원망
마시오!

쉭

으악!

공자님!

적중했다!

어서 돌아가
공자 규를
모시고 귀국하자!

관중은 갔소?

살아 계셨군요!

화살은 허리띠의 고리에 맞았는데 관중을 속이려 일부러 소릴 지른 거요.

이는 공자님이 왕위를 이으라는 하늘의 뜻입니다!

관중은 공자 규를 모시고 제나라로 돌아갔지만 도읍인 임치臨淄는 소백과 포숙아가 이미 선점한 상태였다. 당황한 관중은 공자 규와 함께 재빨리 노나라로 향했다. 소백은 양공의 장례를 치른 후 제 환공으로 즉위했다.

노나라

큰일 났습니다! 제 환공이 대군을 거느리고 성 아래까지 쳐들어왔습니다.

뭐야! 그걸 왜 이제 말해!

음, 아무래도 공자 규를 죽이고 제나라에 화친을 청해야겠어.

관중의 재능을 소백이 알게 되면 우리에게 위협이 되니 그도 함께 죽이십시오.

소백이 자기에게 화살을 쏜 관중을 직접 죽이겠다는 편지를 보냈어. 관중은 제나라에 그냥 넘겨줘야 돼.

뭐야, 허리띠 고리에 맞아서 다치지도 않았다면서! 뒤끝 있네.

제나라

천하의 기재를 얻으신 걸 축하드립니다!

그게 누구요?

바로 관중입니다!

73

그가 무슨 천하의 기재요? 내 손으로 직접 갈기갈기 찢어 죽일 것이오!

당시 그는 공자 규의 스승이었습니다. 주공에게 활을 쏜 건 그의 충심이 얼마나 깊은지를 말해 줍니다.

또 관중의 재능은 저보다 몇 배 더 뛰어납니다. 주공의 패권 획득을 도울 이는 오직 그밖에 없습니다!

그대의 설득에 당할 재간이 없구려. 관중을 재상에 임명해 국정을 맡기리라.

관중, 조금만 기다리게.

관중은 제나라 재상이 되었고, 포숙아는 기꺼이 관중의 조력자를 자청했다. 이들이 힘을 합쳐 나라를 다스리자 제나라는 제후국 중 가장 강대한 나라가 되었고 제 환공은 패자로 우뚝 섰다.

세 번째
북이 울린 후
공격한 조귀

기원전 684년 봄, 제 환공은 관중의 만류를 뿌리치고 노나라를 공격했다. 노 장공莊公은 전국에 동원령을 내려 제나라 군대와의 결전을 준비했다.

조귀, 주공이 제나라와 맞서 싸우기로 결정했대.

바로 그 문제 때문에 내가 온 거야.

권력자들의 일에 괜히 끼어들지 말라고.

식견이 좁은 권력자들 때문에 노나라 백성이 유린되는 걸 보고만 있으라고?

평민인 조귀는 장공을 찾아가 전쟁에 자원했다. 이를 갸륵하게 여긴 장공이 그에게 제나라를 막을 방책을 물었다.

주공은 무엇을 믿고 제나라와 싸우려 하십니까?

과인은 의복과 먹을 것을 독점하지 않고 신하에게 나눠 주었다. 이 정도면 되지 않나?

그건 작은 은혜에 불과하며 모두에게 베풀 수도 없습니다. 백성들은 목숨을 걸고 싸우지 않을 겁니다.

제사에 쓰는 물품들을 신에게 허위로 고하지 않은 건 어떠한가?

그것으로 신령을 감동시킨다 한들, 귀신은 군대의 승리를 보장하지 않습니다.

그걸로 부족하다고?

또 크고 작은 안건 들을 일일이 살펴보진 못하지만 반드시 합당한 이치에 따라 처리했네!

그 정도면 충분히 민심을 얻을 수 있겠군요. 이제 제나라와 싸우셔도 됩니다.

정말인가?

휴~ 다행이다. 그것이 마지막이었는데.

백성을 위한 일들이 바로 전쟁 승리의 조건입니다!

청컨대 전쟁터에 저를 함께 데려가 주십시오!

좋다! 좋아! 내 수레를 타고 같이 가자!

제 환공은 포숙아를 장작(長勺)에 보내 전투 태세를 갖추게 하고 총공격에 들어갔다.

노나라 군대가 너무 늦는구나!

와다다

다다다

77

노나라 군대가 이미 대열을 갖췄습니다.

그래?!

노나라 군대가 어수선할 때 바로 쳐들어간다!

와와-

북을 울려라! 돌격~

둥둥~

78

제나라 군대가 공격해 오잖아!

당장 출전 해야겠다.

잠시만, 지금은 때가 아닙니다.

엥? 왜지?

적군의 기세가 왕성하니 전열을 갖추고 유리한 때를 기다리십시오.

그래, 지금은 잠시 진격을 멈추어라.

돌격!

노나라 군사가 왜 안 나오지? 불안해……

그러게 ……

ㅎㅎㅎ, 노나라 군대가 겁을 먹었구나.

수비벽이 빈틈없어서 뚫기 어렵겠어.

이만 돌아가자고.

우아아

우아아

다시 북을 쳐서 일거에 무너뜨려라!

예!

와

이런, 또 안 나오잖아.

우리 싸우러 온 거 맞냐?

두 차례나 돌격했는데 반응이 없어 ……

헉헉……

계속 공격하라!

또 진격하라고?

힘들어 죽겠구먼.

적군은 우리를 두려워하고 있다! 세 번째 돌격하면 반드시 무찌를 수 있다!

두웅~

둥둥~

북만 치는 나는 오죽하것냐!

다시 북을 울려라!

저놈의 북소리! 징글징글하다.

난 못 해! 힘도 없어.

81

세 번째 공격인데 우리도 출격해야 하지 않을까?

앤 뭘 믿고 이리 태평해.

서두르지 마십시오. 곧 때가 옵니다.

속이 바짝바짝 타는구나 ......

적군이 세 번째 공격도 실패하자 철수하기 시작했습니다.

북을 울리고 공격!!!

지금이 바로 공격할 절호의 기회입니다!

두웅~

드디어 출격하는구나!

와와~

어라?! 갑자기 뭐지?

노나라 군대가 반격해 오잖아?

와와~

어떻게 된 일이냐?

노나라 군대가 갑자기 쳐들어와서 아군 진영이 혼란에 빠졌습니다!

빨리 퇴각하라!

포숙아를 빨리 쫓아라!

잠시 살펴본 뒤 공격해도 늦지 않습니다.

다다다

음… 깃발이 쓰러져 있고 수레바퀴 자국도 어지럽구나.

지금 추격하셔도 됩니다!

그래?!

와~

적군을 추격하라!

하하하, 제나라 군대를 단숨에 무찔렀구나!

제나라 군대가 두 번째 북을 울릴 때까지 출전하지 않은 이유는 뭔가?

전쟁은 사기가 중요합니다.

처음 북을 울렸을 때 사기가 가장 진작 됩니다. 두 번째 북을 울리면 사기가 약간 저하되죠.

세 번째에 이르면 사기가 바닥에 떨어집니다.

이때 아군은 싸우지 못해 안달인 상황이어서 일거에 적을 물리칠 수 있었던 것입니다.

오~!

또 하나, 적을 왜 즉각 추격하지 않았나?

막강한 제나라 군대가 퇴각할 때 매복을 설치해 두었다면 우리는 끝장납니다.

그래서 깃발과 수레바퀴 자국을 살펴보고 진영이 무너진 걸 확신한 후 추격하도록 한 것입니다.

이번에 제나라를 물리친 건 모두 자네 덕이네!

조귀는 적군의 날카로운 공격을 피하고 반격과 추격의 시기를 정확히 파악해 제나라 군대를 대파했다. 장작 전투는 역사적으로 소수가 다수를 이긴 유명한 전투이다.

제후를 불러 모아 패권을 달성한 제 환공

제 환공이 관중을 재상으로 임명한 후 나라가 부강해지고 백성은 안정된 삶을 누렸다. 국력이 증강하자 제 환공의 패권 욕망은 갈수록 강렬해졌다.

관중, 지금 제후들을 한데 모아 패주의 자리에 오를 생각이오!

하지만 주 천자의 명이 있어야만 제후들을 모을 수 있습니다.

주 희왕이 이제 막 즉위했고, 송나라는 내란 후 군주가 공석입니다. 주공이 사신을 보내 희왕의 등극을 축하하고 송나라에 새 군주를 세우자고 청한다면 천자의 명을 얻을 수 있습니다.

낙읍

폐하의 왕위 계승을 축하하러 제나라에서 사신이 왔습니다.

뭐? 제나라 축하 사절이라고?

하하! 제후들이 드디어 날 알아봤구나!

휴, 왕실이 쇠락해서 홀대가 예삿일이 되었는데 정신을 못 차렸어.

제나라

하하! 주 천자가 제후 회합을 허락했다!

대세가 이제 주공에게 왔습니다!

당장 송, 노, 진, 채, 위, 정, 조, 초나라에 전해라!

3월 초하루에 북행北行에서 모이도록 하라!

예!

그날 대군을 이끌고 가서 제나라의 위엄을 과시하겠다!

그건 안 될 말씀입니다!

왜요?

북행 회맹은 주나라를 돕고 전쟁을 그치려는 것이니 무력을 과시하면 역효과만 납니다.

그렇겠군. 그럼 군사는 동행하지 않으리다.

3월 초하루

북행

주 천자께서 나에게 송나라 군주를 세우고 천자를 받들어 반란을 진압하라 명하셨소. 당장 맹주를 추천하여 대회를 주관합시다!

이거 좀 곤란해졌는데.

작위로 따지면 송나라가 제나라 보다 높잖아.

이거 참!

엥?

하지만 송나라 군주는 제나라에서 정합니다.

제나라 군주가 기왕 천자의 명을 받았으니 맹주로 추천합시다!

여러분의 뜻이 그렇다면 ……

제 환공은 맹주가 된 후 연, 형, 위 나라를 도와 산융과 적인을 물리 쳐 명성이 하늘을 찔렀다. 하지만 이 와중에도 초나라는 제나라에 불복하며 중원을 자주 침공했다.

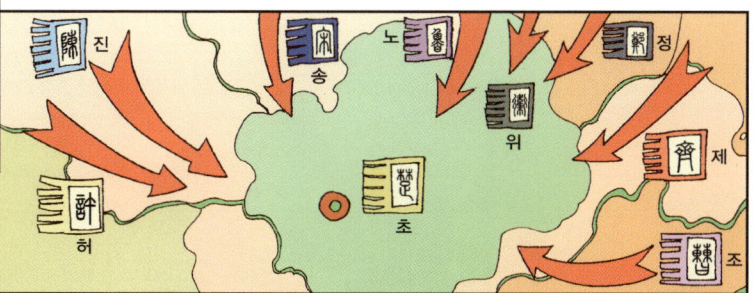

기원전 656년, 제 환공은 마침내 7국 연합군을 이끌고 초나라를 대대적으로 공격했다.

초나라에서 사신이 왔습니다.

환공께 인사 올립니다.

절은 됐고. 무슨 할 말이 있어서 왔는가?

제나라는 북쪽에, 초나라는 남쪽에 있어서 서로 싸울 일이 없는데, 왜 느닷없이 대군을 이끌고 공격하십니까?

관중, 우리가 왜 왔는지 알려 주시오!

우리는 천자의 명을 받고 불복하는 제후를 토벌 중이다! 초나라는 매년 포모*를 진상했는데 왜 지금은 바치지 않는 것이냐?

소왕이 남정에 나섰을 때 초나라에서 보낸 낡은 배를 탔다가 한수에서 익사한 것 역시 초나라의 책임이다!

으……

할 말이 더 있는가?

밀리면 안 돼!

조공을 바치지 않은 건 잘못 입니다만……

소왕의 익사는 우리와 무관하니 한수에 책임을 물으십시오!

……

초나라가 거만하기 짝이 없구나!

탁!

훙!

* 포모包茅
제사 때 술을 거르는 용도로 사용된 띠풀의 일종. 초나라에서 나는 특산물이다.

말로는 듣지 않을 듯하니 대군의 위용을 과시해 겁을 주십시오.

아예 전쟁을 벌여 따끔하게 혼내 줘야지!

초나라는 분명 철저하게 대비하고 있을 겁니다. 무기를 쓰지 않고도 굴복 시키는 게 더 낫지 않겠습니까?

그렇긴 하지. 그럼 재상의 말에 따르리다.

감사합니다!

초나라

제나라 군대가 소릉召陵에 당도했습니다.

무례한 놈들 같으니!

93

굴완屈完은 당장 군대를 이끌고 출전하라!

연합군의 실력이 막강하니 먼저 그들을 찾아가 의중을 떠 보겠습니다.

그게 좋겠군. 무리하게 힘으로 맞서다간 우리 손실도 만만치 않겠어.

그렇습니다!

소릉

보시오. 이렇게 막강한 제나라 군대를 누가 당해내겠소?

아… 어떻게 설득한담?

다그닥!

병력이 강하다고 사람들이 꼭 복종하지는 않습니다.

어?

인의로 제후를 무마하면 누가 감히 복종하지 않겠습니까?

제나라가 무력으로만 밀어붙인다면…… 초나라의 지세가 험난하고 상하가 단결하여 아무리 군사가 많아도 쓸모가 없을 겁니다!

하하, 초나라에 이런 유능한 신하가 있었다니!

초나라와 우호 관계를 맺도록 하겠소!

평화롭게 해결되었구나.

저희 초나라도 바라던 바입니다.

굴완의 노력으로 연합군과 초나라는 소릉에서 평화 협정을 맺었다.

95

기원전 651년, 제 환공은 태자 희정이 주 양왕으로 즉위하는 데 큰 도움을 주었다. 이에 감격한 양왕이 제 환공에게 감사의 선물을 내렸다.

주 천자가 태재* 주공공을 보내 태묘에 제사 지냈던 고기를 선물했습니다.

하하, 천자가 고마움의 표시로 선물을 보냈구려!

제후들을 불러놓고 천자에게 받은 선물을 자랑해야겠소.

주공공을 잘 대접하시오!

*태재太宰
주나라 때 임금을 보좌하며 정무를 관장한 벼슬 이름.

제 환공은 제후들을 규구에 불러 모아 천자의 선물 수여식을 거행했다.

환공은 천자가 하사하신 선물을 받으시오.

예!

우~와!

폐하께서 절은 생략해도 좋다 하셨소.

감사합니다, 폐하!

뭐? 절을
생략해?!

천자가 상을
내리는데 절하지
않는 것은 큰 불경
죄입니다.

절까지 생략할
정도면 천자가
환공을 정말
존경하나 봐.

맞아. 우리도
괜히 까불지
말고 제나라에
복종하자고.

그래……
절은 해야겠지?

제 환공은 규구의 맹약을 통
해 마침내 제후들을 연합하고
중원의 패권을 차지하는 목적
을 달성했다. 이로써 춘추시
대 최초의 패자가 되었다.

학에 빠져 나라를 망친 위 의공

춘추시대 위나라 의공은 군주 자리에 오른 후 나랏일은 전혀 돌보지 않고 학을 돌보는 데에만 몰두했다.

학의 이 우아한 자태를 어디에 비길 수 있겠어!

대신들이 조정에서 기다립니다.

지금 바쁜 거 안 보여? 좀 더 기다리라 그래!

헐~

기도
안 찬다!

학을
좌우에!

저놈의 학 따위가
우리보다 지위가
더 높다니!

주공!
학 선물이 또
들어왔습니다.

우리가 주공이
애지중지하는
학만 하겠어?

어디 있느냐?

학 정원 밖에서
기다리는
중입니다.

그럼 얼른
가 보자!

100

하하, 또 학이 생겼어.

주공, 정무는 어쩌시고요?

시끄러! 학 보러 가는 거 안 보여?

학? 확, 그냥!

오! 이 세 마리는 성품이 강직한 장군 상이로다!

깍

깍

이 세 마리를 장군에 임명하고 그에 맞는 봉록을 내려야겠다!

101

여기 있는
학들은
어쩔까요?

또 있었어?

음······
사려 깊고
예의가 바르니
대부에 봉하자!

학에게 또
벼슬을
내렸습니까?

석기자,
마침 잘 왔소.
새로 들어온
학을 좀 보시오.

아직 처리하지
않은 정무가
산더미처럼
쌓였습니다.

흥!

앗!
내 옥패를!

102

하하! 학 장군도 증표가 필요했나 보군!

지금 당장 멋진 머리 장식과 의복을 만들어 주겠다.

오늘밤 달도 밝은데 학 장군, 학 대부와 정원에서 놀아 볼까나~♪

깍~

학 대부의 울음소리는 자연의 소리 그 자체야!

음~ 천하 절경 이로다~

달빛 아래에서 춤추는 이 멋진 학의 자태를 모두가 감상할 수 있으면 좋으련만!

그래! 내일 학을 수레에 앉혀서 유람을 떠나는 거야!

비켜라! 학 장군 나가신다!

다그닥-

이크!

학 장군 눈에 띄지 않게 얼른 물고기를 감춰!

아, 넵!

104

헉, 봤다!

내 물고기!

학 장군님, 아…안 됩니다!

하하, 학 장군이 날 생선을 아주 좋아하는구나!

학 장군 식사를 방해하지 말도록 해라!

헐…

예!

힘들게 잡은 물고기를 다 먹어 버렸으니 어쩌지?

쓸모없는 학을 키운다고 세금을 마구 거둬들였다니!

우린 밥도 제대로 못 먹는데 학이 물고기를 다 먹어 치웠어. 엉엉!

학에게 주는 봉록이 병사들 보다 많은 게 말이 되냐고!

해도 해도 너무 하잖아!

큰일 났습니다. 북적北狄이 쳐들어옵니다!

뭣?

빨리 전투 태세를 갖춰라!

툭—

흥! 학 장군더러 싸우라고 하지 우린 왜 부른 거야?

싸움은 너희가 하는 거지, 학이 어떻게 싸우느냐?

그럼 쓸모없는 학은 아끼면서 왜 백성들은 괴롭혔습니까?

107

전쟁이 나니까 우리가 생각 났습니까?

모두 내 잘못이다.

흥! 학을 먹여 살린 것도 모자라 이제 와서 우릴 사지로 몰아 넣겠다고!

석기자, 학을 모두 놓아 주시오. 다신 학을 기르지 않으리다.

군주가 진심으로 뉘우쳤으니 힘을 합쳐 외적을 몰아냅시다!

아, 내 소중한 학들. 흑흑!

북적이 코앞까지 들이닥쳤습니다.

뭐시라!

그렇게 빨리!

우리가 왜 이런 나라를 위해 목숨을 걸어야 돼. 빨리 도망가자!

안 된다. 돌아와라……

북적은 위나라 도성을 점령하고
위 의공을 살해한 후 달아나는 백
성까지 쫓아가 죽였다. 다른 나라
지원군이 도착했을 때 위나라에는
겨우 7백여 명만이 살아남아 나라
가 거의 망한 것이나 다름없었다.

관중의 기지로 사지에서 벗어나다

제 환공이 관중을 재상으로 등용하고 나라를 잘 다스리자 중원 각국은 잇달아 제나라의 맹주 지위를 인정했다. 그러나 국경 지역에 사는 일부 소수민족은 이에 아랑곳하지 않았다.

연나라 사신이 뵙기를 청합니다.

북방의 산융이 또 연나라를 침범했습니다. 구원병을 보내 주십시오!

산융이 또?

관중, 어쩌면 좋겠소?

산융이 자주 중원을 침범하니 본때를 보여 줘야 합니다.

좋다. 이번에는 내 직접 대군을 이끌고 연나라를 구원하겠다!

산융은 제나라 구원병이 온다는 소식을 듣고 재물을 약탈해 재빨리 철수했다.

산융이 이미 재물을 빼앗아 달아났습니다.

뭐라고?!

산융은 분명 다음에 또 쳐들어올 것입니다.

저들을 추격해 철저히 섬멸해야만 북방이 안정을 찾을 수 있습니다.

그런데 북방 지리에 생소한 우리가 어떻게 저들을 추격하지?

좋소! 빨리 무종국에 사람을 보내 같이 산융을 추격합시다!

연왕 말로는 근처의 무종국이 산융과 원수지간이라 하니 그들의 도움을 빌리면 됩니다.

산융 수령인 밀로가 측근과 금은보화를 가지고 북쪽으로 달아납니다!

또?

겁쟁이 같으니. 우리가 온다는 소리를 듣고 싸우지도 않고 도망갔구나!

산융의 백성과 병사들은?

미처 달아나지 못한 이들은 투항을 바라고 있습니다.

투항한 병사와 백성을 절대 해치지 말라고 전해라!

예!

제 환공은 정말 명군이야!

도망간 밀로보다 더 낫다니까.

아~ 멋지네!

제나라 임금께 감사 드리러 가자!

좋소! 그럽시다!

저희를 살려 주셔서 감사합니다!

하하, 아니다!

참, 밀로는 어디로 달아났지?

밀로를 바짝 추격해 고죽국을 토벌하고 북방의 화근을 완전히 제거하라!

밀로가 고죽국 군왕과 친하니 분명 그곳에 병사를 빌리러 갔을 겁니다.

고죽국 이라고?

고죽국

밀로, 어쩐 일인가?

무슨 일인데?

제나라가 연나라, 무종국과 연합하여 북방을 소탕하러 오고 있어.

답리가, 제발 나 좀 살려 주게.

115

3국 연합군과 맞서는 건 죽음을 자초하는 일입니다.

황화 장군, 북방을 평정하려는 제나라가 고죽국은 놔두겠나?

밀로의 말이 맞아. 함께 군사를 거느리고 가서 제나라와 대적하게!

예!

우리 군대가 제나라에 대패했습니다!

뭐?

내가 뭐라 그랬냐고! 밀로와 손을 잡는 게 아니었어!

휴~
제나라와
맞선 게
실수였어.

제나라의 목적은
밀로 하나입니다.
그를 죽이고 제나라와
화친을 맺으면 고죽국을
보전할 수 있습니다.

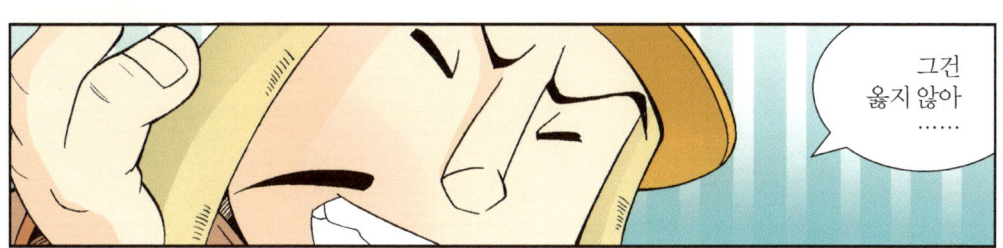

그건
옳지 않아
......

제게
좋은 방법이
있습니다.

어서 말해
보거라.

북방에 있는
미곡은 끝없이
펼쳐진 사막입니다.

제나라 군대를
그리로 유인한다면
손 하나 까딱 않고
몰살시킬 수
있습니다.

117

그럼 이렇게 하시죠……

응, 응.

제나라 군영

고죽국의 장군 황화가 밀로의 머리를 가지고 항복하러 왔습니다!

밀로의 머리라고?

와, 진짜 밀로네.

고죽국 군주 답리가는 저의 항복 권유를 듣지않고 혼자서 멀리 달아났습니다. 답리가를 추격하는 데 제가 길잡이가 되겠습니다!

좋소!
장군이 길을
안내하시오!

예!

휘이이~

휙—

길을 잃지
않도록 황화를
잘 따라가라!

흥! 시체도
못 찾을 곳으로
떨어져 봐라!

다다다

어? 앞이 하나도 안 보여.

어디로 가야 돼?

황화는 어디 있느냐?

황화가 안 보입니다.

이런, 계략에 빠졌구나!

황화가 우릴 사지로 인도하고 혼자서 빠져 나간 게 틀림없다.

흭!

휙휙~

휙이익~

으드드, 너무 춥다.

바람이 너무 세 불도 붙이지 못하겠어.

다음날

휙휙-

군사들 태반이 죽거나 다쳤구려.

칠흑 같은 어둠에, 바람까지 너무 세서 오래 버티기 어렵습니다.

여긴 너무 위험한 곳이다. 빨리 출구를 찾아야 한다!

방법이 있을지도 모릅니다.

역시 믿을 건 그대밖에 없구려. 빨리 말해 보시오.

늙은 말이 길을 안다고 했습니다.

이곳을 다녀 본
늙은 말 몇 마리를
앞에 가게 하면
출구를 찾을 수도
있습니다.

달리 방도가
없으니 그렇게
합시다.

보인다!
우리가 왔던
길이야!

다다다다

옳지,
마침내
모래사막에서
벗어났어!

관중의 지혜로 죽을 고비
를 넘긴 제 환공은 답리
가와 황화를 추적해 마침
내 북방을 정벌했다.

훗,
나의 지혜의
끝은 어디란
말인가?

춘추 下

春秋

下

春秋

순식荀息

진晉나라의 대부.
충성스럽고 꾀가
많아 헌공獻公에게
중용되어 30년간
충직하게 받들어
진나라의 고굉지신*이
되었다.

* **고굉지신**股肱之臣
다리와 팔뚝에 비길 만한 신하라는 뜻으로,
임금이 가장 신임하는 신하를 가리킨다.

백리해百里奚

춘추시대의 유명한
정치가로 성은 백리,
이름은 해이다. 진 목공이
양가죽 5장으로 그를
노예에서 구출해 주어
훗날 진나라를 위해
큰 공로를 세우고
대부에 봉해졌다.

진秦 목공穆公

춘추오패 가운데 하나.
인재를 매우 중시한
그는 재임 기간에
백리해, 건숙蹇叔 등
유능한 인재를 등용해
패업을 이룩했다.
또한 진 문공이
진나라로 돌아가 왕위를
빼앗는 데 도움을 주었다.

송宋 양공襄公

춘추시대 중엽
송나라의 군주로 인의로
이름 높은 정치가이다.
후에 초나라와 홍수泓水
에서 결전을 치르다
패하고 화살에 맞아
세상을 떠났다.

진晉 문공文公

이름은 중이重耳.
겸손하고 학문을 좋아하며
어질고 능력 있는 인재를
널리 사귀었다. 처음에
후계자가 되었지만 박해를
받아 19년간 진나라를
떠나 여러 제후국을
떠돌아다니다 귀국했다.
진나라를 강대국으로 만들어
진나라가 백 년 넘게 중원의
패권을 차지하는 길을 열었다.

개자추介子推

진 문공이 망명 생활을
할 때 충성스럽게 그를
섬겼다. 후에 문공이
왕위에 오르고도
등용하지 않자
면산綿山에 들어가
은거했다. 문공이 그를
나오게 하려고 산에
불을 놓았는데 기어이
나오지 않고 타 죽었다.

현고弦高

춘추시대 정나라
사람으로 진秦나라가
정나라를 공격할 때
기지를 발휘해
자신의 나라를
위기에서
구해냈다.

가도멸괵의 계책을 펼치다

가도멸괵假道滅虢
길을 빌려 괵나라를 멸한다는 뜻으로 다른 나라의 길을 임시로 빌려 쓰다가 나중에 그 나라를 쳐서 없애는 전략을 말한다.

춘추 초기에 진晉나라는 강대국 중 하나였다. 진나라와 국경을 마주한 괵나라와 우나라는 상대적으로 힘이 약소해 서로 의지하며 진나라의 침입에 대비했다.

순식, 괵나라를 공격하고 싶은데 어떻게 생각하오?

헌공*

순식

우, 괵 두 나라는 한 나라가 공격당하면 다른 한쪽이 도와주기로 동맹을 맺었습니다. 둘을 같이 상대해서는 승산이 낮습니다.

괵나라가 여러 차례 우리 국경을 교란했는데 이들을 제압할 방법이 없단 말이오?

내 분해서 잠도 오질 않소.

*헌공
정벌 전쟁을 통해 영토를 널리 확장했지만 후사 문제로 나라를 혼란에 빠뜨렸다.

신에게 오늘은 괵을 취하고 내일은 우를 멸할 계책이 있습니다.

오, 그런 훌륭한 계책이!

먼저 견융에게 후한 뇌물을 주어 괵나라를 도발하게 하면 그들은 분명 견융을 칠 것입니다.

우리는 괵나라가 텅 빈 틈을 타 공격하면 됩니다.

참으로 좋은 방법이오!

하지만 우나라라는 걸림돌이 있잖소?

우나라에는 뇌물을 주고 괵나라를 치게 길을 빌려 달라고 하십시오.

우나라가 혹하려면 어떤 선물을 보내야 하오?

우 임금은 탐욕스러우니 수극에서 나는 구슬과 굴 땅에서 기른 준마를 선물 하십시오.

이제 됐지?

우나라는 보물을 받고 틀림없이 길을 열어줄 겁니다. 두 나라를 멸하면 보물은 다시 주공의 차지가 되니 잠시 우나라에 맡겨 두는 것뿐이죠.

우나라의 충신 궁지기宮之奇가 이를 만류하지 않겠소?

에효~ 차라리 내가 다스리는 게 낫겠다!

그건 염려 마십시오.

우 임금은 탐욕스럽고 우매하여 절대 그의 말을 들을 리 없습니다.

우나라

헌공이 왜 내게 보물을 보낸 거지?

저희 국경을 여러 차례 침범하는 괵나라에게 본때를 보일 수 있도록 잠시 길을 빌려 주십시오.

무슨 꿍꿍이를……

히힛……

131

주공, 절~대 불가합니다!

엉?

궁지기, 왜 그러시오?

흠, 예상대로 궁지기 놈이 어깃장을.

진나라에 길을 빌려 주면 우나라에 해가 될 뿐입니다. 심사숙고하십시오.

궁 대인은 걱정도 팔자구려.

곽나라를 물리치면 전리품은 모두 우나라가 가져가고 진나라가 귀국과 동맹을 맺겠습니다.

우쒸, 네 팔자나 걱정해!

쫑긋

좋소, 길을 빌려 주리다!

전~리~품! 크하하!

132

곽, 우 양국은 순망치한*의 관계라 오늘 곽이 망하면 내일은 우리 차례가 됩니다!

버~럭!

진나라가 곽나라보다 열 배는 강하니 진나라와 동맹을 맺는 게 낫지 않소?

보석에 눈이 멀었어!

주공……

듣기 싫소. 얼른 물러 가시오!

다그닥~

궁 대인, 왜 바삐 우나라를 떠나십니까?

* 순망치한脣亡齒寒
입술이 없으면 이가 시리다는 뜻. 서로 의지하고 있던 한쪽이 사라지면 다른 쪽도 안전을 확보하기 어려운 관계를 이른다.

133

주공이 진나라에 길을 빌려 주었으니 우나라가 망할 날도 머지않았다.

정말 소탐대실* 이로군요.

그래서 가족을 데리고 우나라를 떠나는 것이다.

우 임금이 우리 속임수에 넘어갔다!

이극, 순식은 병거 4백 대를 이끌고 우나라를 지나 괵나라를 공격하시오!

예!

* 소탐대실小貪大失
작은 것을 탐하다가 오히려 큰 손실을 본다는 뜻. 작은 이익에 정신을 팔다가 큰 손해를 보게 되는 어리석음을 가리킨다.

이극과 순식이 대군을 이끌고 우리 국경을 지나가고 있다 합니다.

한몫 크게 잡을 이 기회를 놓칠 순 없지.

크 햇!

어서 순식을 불러 와라.

예!

우와 진이 동맹을 맺었으니 함께 괵나라를 공격합시다.

힘을 보태 주신다면 감사할 따름입니다.

후훗, 순조롭게 진행되는구나.

괵나라가 견융과 상전에서 싸우고 있으니, 지원을 핑계로 진나라 군대를 이끌고 괵나라 하양관으로 들어가십시오.

내 직접 병거를 이끌고 도우러 왔다. 어서 성문을 열어라!

우나라 지원군이 왔다. 빨리 성문을 열어라!

돌격!

아니, 저건 진나라 군대잖아!

진나라는 일거에 괵나라 요새 하양을 격파하고 도성인 상양을 5개월 동안 포위했다. 괵 임금은 낙읍으로 달아나고 상양이 무너지면서 괵나라는 멸망했다.

어서 보물을 수레에 실어라!

주공의 도움으로 괵나라를 쉽게 멸했습니다. 이 보물과 미인을 주공께 바치겠습니다.

저는 몸이 불편하여 회군하기 어려우니 잠시 이곳에 머물겠습니다.

먼저 돌아갈 테니 이극 장군은 여기서 편안히 요양하시오.

1개월 후

헌공이 괵나라를 멸한 진나라 군대와 합류해 성 밖에 도착했습니다.

그들을 맞으러 가자!

137

다음 먹잇감이
오는군!

우공,
간만에 같이
기산으로 사냥
이나 갈까요?

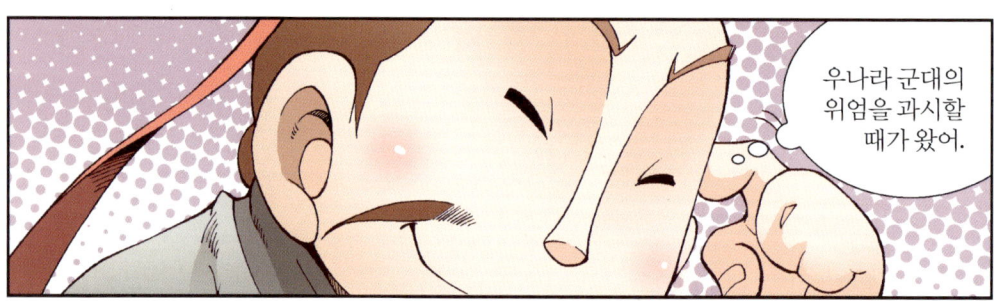

우나라 군대의
위엄을 과시할
때가 왔어.

그럼 성 안의
군대를 소집해
함께 가리다.

옳지~
옳지~

군대를 몽땅
이끌고 헌공과
함께 사냥을
나가자!

예!

다다다

멍청한 놈,
성을 비우다니.
실컷 즐거워하라고.

우나라도
이제 내
차지다!

지금 성이
불타고
있습니다!

허걱!

빨리 성으로
돌아가자!

냉
큼!

혁, 성에 진나라 깃발이?!

땡큐!

하하, 어제는 길을 빌려 주더니 오늘은 성을 빌려 주셨군요. 감사합니다!

아! 애초에 궁지기의 말을 듣는 건대. 이 꼴이 뭐람.

진나라는 우나라에 길을 빌려 괵나라를 정벌한 후 다시 우나라를 병탄했다. 진晉나라와 진秦나라 사이에 낀 이 지역은 이후 양국이 패권을 다투는 데 중요한 역할을 했다.

140

재상 백리해를 양가죽과 맞바꾸다

우나라가 진나라에 멸망한 후, 우 임금과 대부 백리해는 포로로 전락했다.

백리해! 주공께서 네게 사람을 보내셨다.

Me?

지금은 다만 망국의 노예일 뿐이라고. 하하!

힝~

이 늙은이에게 무슨 볼일이지?

그래도 한때 우나라 대부였다구.

141

큰 뜻을 펼치려 했건만 우 임금이 재물을 탐하다 나라가 망할 줄이야.

가슴에 가득한 포부는 끝내 실현되지 못하는구나.

헌공의 명을 받은 주지교는 백리해를 만나 함께 하자는 뜻을 밝혔다.

헌공이 대인의 재능을 알아보고 중용하려고 합니다.

주지교, 우나라 대신이었던 자네가 어떻게 원수의 나라에서 벼슬을 할 수 있나?

모르는 소리!!! 똑똑한 새는 나무를 가려 앉는 법입니다.

똑똑은 무슨, 넌 그냥 새다!

난 벼슬을 해도 진나라에서는 안 하네!

그럼 우 임금이랑 평생 노예로 살던가.

흥!

142

기원전 655년, 진秦 목공은 공자집을 진나라에 파견해 헌공에게 혼인 관계를 맺자고 제안했다.

공자집, 돌아가 목공에게 내 장녀를 시집보내겠다고 전하시오.

흔쾌히 응해 주셔서 감사합니다.

공주님이 시집가려면 혼수가 많이 필요할 겁니다.

이번에 노예들을 많이 딸려 보내 우리가 얼마나 통이 큰지 보여 줘야겠다.

벼슬을 거부한 백리해도 노복으로 함께 보내는 게 좋겠습니다.

그 호의도 모르는 백리해 말인가?

143

괘씸한 놈, 아예 노예로 보내 버려라!

그리 하겠습니다!

ㅎㅎㅎ… 된통 당해 봐라!

덜컹

덜컹

헉헉……

빨리 걸어라! 혼인 시간에 늦으면 목이 달아날 줄 알어!

윽!

오잉?

콜록

콜록

아니,
백리 대부님!

귀한 분께서
노예가 돼 고생
하시는 모습을
차마 눈 뜨고 못
보겠습니다.

지금 빨리
달아
나십시오.

고마우이!

145

주공, 이번 노예 명단에 무슨 문제라도 있습니까?

백리해라는 노예가 없더구나.

노예 하나 달아난 게 대수로운 일은 아니잖습니까.

그것이 실은 이 이름을 어디선가 들어 본 듯하다.

진나라에서 투항한 공손지 장군에게 한번 물어보시지요.

맞다! 빨리 공손지를 불러라!

146

백리해요?

자네도 알고 있나?

알다 마다요.

우나라 대부로 대단한 인재입니다!

그런데 노예로 전락 하다니…

그를 반드시 찾아내야 한다!

얼른 달아나야 돼. 잡히면 평생 노예로 살지 몰라.

저벅~

저벅~

거기
누구냐?

초나라를
정탐하러 온
첩자일지 모르니
사로잡아라!

아…
아니오!

나는 우나라
사람이오.
부잣집에서 소를
키우다 나라가
망해 할 수 없이
도망쳤소.

저 영감,
나이도 많고
성실해 보이는 게
첩자 같진 않은데
……

하긴.

그럼 여기
남아 소를
키우도록 하시오.

왜 소라고
말해가지고.
끙……

그거 좋은
생각인데!

포동포동 잘
키워 주쇼!

일단
목숨부터
부지하자.

감사
합니다!

이리하여 백리해는 초나라에서 소를 키우는 일을 맡았다. 그가 키우는 소는 살이 포동포동 쪄 온 나라에 그의 명성이 퍼졌다.

이 소는 귀도 살 쪘네.

대단한걸. 소들이 하나같이 토실토실 살이 쪘어.

'방목의 대왕' 이란 자가 어디 있느냐?

주공?

당연하지. '방목의 대왕' 이잖아!

'방목의 대왕' 이라고? 멋진 별명 인걸!

초왕이 왔구나. 내 재주를 펼칠 절호의 기회다.

당신이 '방목의 대왕' 이오?

그렇 습니다.

사실 전······

됐소. 그대가 무슨 말 하려는지 내 다 알고 있소.

큰 인물을 하찮은 일에 쓴다고 생각하고 있잖소?

오호, 역시 주공이!

지금 남해로 가서 전마를 키워 주시오. 초나라는 건장한 전마가 꼭 필요하오.

그게 아닌데 ······

소나 말이나! 날 어찌 보고!

백리해가 초왕의 명으로 말을 기른다는 소식이 진 목공의 귀에도 들어갔다.

드디어 백리해를 찾았습니다!

그래, 어디 있는가?

150

초왕 밑에서 말을 기르고 있더군요.

초왕에게 후한 선물을 주고 빨리 백리해를 데려 와라!

절~~대 그래선 안 됩니다!

귀중한 선물로 노예를 바꾸면 초왕의 의심을 살 수 있습니다. 백리해가 인재임을 알면 순순히 넘겨주겠습니까?

그럼 어떻게 하지?

일반 노예처럼 양가죽 5장으로 그를 사오는 겁니다.

초나라

우리 진나라의 백리해라는 노예가

죄를 짓고 귀국으로 달아났습니다. 죄를 묻게 그를 풀어 주십시오.

151

백리해라면 말 키우는 데 전문가 아닌가.

아무리 노예라도 그저 줄 순 없지!

상등품 양가죽 5장을 드리지요.

그 노인네로 양가죽 5장이면 수지가 맞겠는데.

크크, 머리 굴리는거 다 보인다. 빨리 답해!

노예에서 해방된 백리해는 진나라로 와 목공에게 중용되었다. 그는 유능한 인재인 건숙*을 추천했는데 목공은 건숙을 우승상, 백리해를 좌승상으로 임명했다. 둘은 함께 목공을 보좌하여 진나라가 패권을 차지하는 데 기초를 닦았다.

* 건숙蹇叔
제나라 출신의 현자. 일찌감치 백리해의 재능을 알아보고 의형제를 맺었다.

송나라를 위험에 빠뜨린 송양지인

송양지인宋襄之仁
송나라 양공의 어짊이란 뜻으로, 제 분수도 모르고
남을 동정하는 어리석은 인정을 가리킨다.

제 환공이 죽은 후 제나라는 내
란에 빠졌다. 환공은 생전에 세
자인 공자소를 송 양공에게 부
탁했다. 이에 양공은 각 제후국
에 공자소를 함께 호송하여 왕
위를 잇게 하자고 통보했다.

목이*,
제후국에 모두
알렸는데 소국
세 나라만이
사람을 파견했네.

송나라의 힘이
미약해서 누구도
우리 말을 듣지
않습니다.

제나라는 제후들의
맹주요. 이번에
새로 임금을 세우는
기회를 통해 우리의
힘을 키웁시다!

*목이目夷
송나라의 재상. 양공에게 수차례 계책을 올렸지만 양공은 이를 전혀 듣지 않았다.

153

제나라

세자까지 드디어 돌아오셨군요.

이번에 송 양공의 도움이 아주 컸소.

신세 많았습니다!

아닙니다. 별 말씀을요.

저는 신의를 지켜 환공이 부탁한 일을 처리했을 뿐입니다.

덜컹

덜컹

하하! 내 대사 멋있지 않았소? 제나라가 모두 내 도움에 감격한 표정이었어!

인의를 제대로 실천하셨 습니다.

이참에 내 명성을 널리 퍼뜨리고 제 환공의 패주 지위를 계승해야겠소!

엇, 너무 앞서가는 느낌이 ......

지금 초나라의 힘이 가장 강해 많은 나라가 달라붙었습니다.

이 시기에 대국이 아닌 송나라가 맹주를 자처하다간 화를 입게 됩니다.

예의도 모르는 그 야만족 초나라?

초나라를 무시하다간 큰코 다치게 됩니다.

옳지! 그럼 초나라와 손을 잡는 게 좋겠어!

그럼 초나라의 힘에 눌려 복종한 제후국들이 자연스럽게 송나라에도 귀순할 거요.

그렇게 맹주에 오른 다음 제후들을 연합해 초나라를 칩시다!

하지만 초왕이 순순히 응할까요?

야만족이 중원의 요청을 거절할 리 있겠소? 얼른 사람을 보내시오!

초나라

송나라가 우리와 손잡고 우 땅에서 제후들을 소집한다고?

아마도 제후들이 복종하지 않을까 두려워 주공을 끌어들인 듯합니다.

흠!

내 힘만으로도 제후들을 소집할 수 있는데 이놈 뒤에 숨는 게 말이 되는가!

제가 보기에 이는 중원으로 진출할 절호의 기회입니다.

오, 그렇군. 왜 그 생각을 못 했지?

당장 회맹*에 참석한다는 답신을 보내라!

* 회맹會盟
제후 또는 제국 간 맺어지는 맹약과 회합을 지칭.

156

초왕의 회맹 참석 소식을 들은 송 양공은 크게 득의양양했다.

초왕이 예상대로 내 인의에 감동했으니 분명 날 맹주로 추대할 것이오!

저 끝을 모르는 인의 타령! 쯧쯧…

지당하신 말씀입니다!

휴우— 송나라에 큰 재앙이 닥쳤구나……

목이, 그게 무슨 초 치는 소리요.

어 허!

초나라는 야만족이라 신의를 모릅니다. 주공께 화가 미칠까 염려됩니다.

괜한 걱정일 뿐이요.

그는 중원 제후들과 어깨를 나란히 할 기회를 준 내게 감사하고 있소!

회맹에 참석하시겠다면 혹시 모르니 군사를 이끌고 가십시오.

그건 안 될 말이오.

제후들과 군사를 이끌고 오지 말기로 한 약속을 내가 저버릴 수는 없소.

그럼 제가 병거 3백 대를 거느리고 근처에 매복해 주공을 지키겠습니다!

차라리 죽을지언정 천하에 신의를 잃진 않겠소!

무한신의!!

주공!

아오. 진짜!

딴생각 말고 이번에 나와 함께 회맹에 참석하시오!

우 땅

초왕이
도착했다!

우르르~

위풍당당!!!

보시오.
초왕도 맨몸으로
왔잖소?

군사를 이끌고
오지 않길
잘했어.

그렇군.

하지만
사람들을 많이
대동했습니다.

빨리 회맹을
시작합시다.

좋소,
그럽시다.

159

이번 회맹의 의의는 인의를 널리 알리고 평안을 함께 누리는 데 있소. 삽혈* 의식으로 이를 약속합시다!

잠깐! 약속하기 전에 누가 맹주인지 명확히 해야지요.

그게 무슨…

나를 맹주로 삼기로 하지 않았소?

그건 내 개인적인 의견일 뿐이고.

이런 중대한 일을 다른 사람에게도 물어 봐야지.

내 줄곧 인의로 사람을 대했으니 당연히……

초왕이 맹주가 돼야 마땅합니다!

사람을 이렇게 기만하다니!

뭐가 잘못됐소?

* 삽혈歃血
옛날 왕이나 제후가 굳게 언약을 맹세할 때 희생으로 잡은 짐승의 피를 서로 나눠 마시거나 입가에 바르는 일.

160

여봐라!

파악!

팍!

흐이구, 무서워라!

양공을 잡았습니다.

흥! 신의를 헌신짝처럼 버린 소인배 놈!

이후 제나라와 노나라의 중재로 초 성왕은 맹주가 되고서야 송 양공을 풀어 주었다.

하하, 패권을 다투는 데 그깟 신의가 웬 말이요?

욱, 네놈이 신의를 알어?!

무사히 돌아오셔서 정말 다행입니다!

다 그대 충고를 무시한 내 잘못이오.

가증스런 제후 놈들, 죄다 초왕에게 붙어 먹다니. 특히 이웃 정나라까지!

휴- 그야 초나라가 우리보다 강하니까요.

내가 초나라 강하다고 몇 번을 말하니……

반드시 이 모욕을 갚고 말겠어. 먼저 정나라를 친다!

기원전 638년, 송 양공이 정나라를 공격했다. 초 성왕이 이 틈을 타 송나라로 쳐들어오자 양공은 급히 군사를 돌려 양 군은 홍수에서 대치했다.

대낮에 강을 건너다니 초나라가 안하무인이로군요. 강 중간쯤 왔을 때 맹공을 가하십시오.

우린 인의의 나라요. 어찌 강을 건너는 군사를 공격할 수 있겠소?

163

으, 인의의 군대가 초나라 야만족에 패하다니……

주공!

군자의 전쟁은 인의를 근본으로 삼아야 한다. 강을 반쯤 건넌 군대를 공격하지 않고 나이든 포로를 우대한다……

이는 병서에 나오는 가르침이오. 목이, 정녕 내가 틀렸단 말이오?

으이구… 사태 파악이 정녕 이리도 안 된단 말인가!!

주 왕실이 쇠락하고 제후가 패권을 다투는 춘추시대에 송 양공이 높이 내건 인의의 깃발은 결국 실패로 막을 내렸다.

송 양공의 인의는 실상 나라에 전혀 보탬이 되지 않았다. 이듬해 그는 진晉나라에서 망명한 공자 중이를 환대하고 수레를 20대나 보내는 예를 행했지만 돌아온 건 결국 5년 후 망국의 재앙이었다.

공자 중이의
떠돌이 생활

진 헌공이 말년에 총애한 부인 여희는 자신의 아들 해제를 태자로 삼으려 했다. 여희가 태자인 신생을 계략에 빠뜨려 죽이자 헌공의 두 아들 중이와 이오*는 두려움을 느껴 다른 나라로 피신했다.

적나라

중이

호**언

우리가 적나라로 도망 온 지도 벌써 12년이나 흘렀군요.

이오도 군주 자리에 올랐건만, 에휴.

또 진나라로 돌아갈 일을 생각하셨군요.

하지만 언제 돌아갈 수 있을지 기약이 없으니……

* 이오夷吾
  헌공이 죽고 진나라 왕위에 올랐다. 중이가 왕위를 뺏을까 두려워 자객을 보내 그를 죽이려 했다.
** 호언狐偃
  중이의 장인으로 중이를 따라 19년간 망명 생활을 했다.

165

166

명도 길군, 흥!

멈춰라!

다다다

이놈! 어딜 달아 나느냐!

조쇠, 멈춰라.

저런 놈을 살려 두다니요!

이오는 내가 귀국해 자기와 왕위를 다툴까 두려워하고 있다.

그럴 수가!

적나라도 더 이상 안전하지 않구나.

이제 어디로 가야 할까요?

위나라로 갑시다!

당장 채비를 차리겠습니다!

167

위나라

맞이하는 사람 하나 없고. 사람을 너무 박대하는군요!

대놓고 말하지 마. 니가 더 나빠.

됐다. 떠돌이 공자에게 누가 신경이나 쓰겠느냐.

관중이 세상을 떠나서 환공이 인재를 초빙한다 하니 그리로 가는 게 낫겠습니다.

그럽시다! 대국인 제나라에 충성을 다하면 우릴 지켜줄 것이오.

덜컹 덜컹

아, 배고프다 ......

168

식량이 다 떨어졌으니 조금만 참으세요.

하지만 배가 너무 고프오……

하하, 오늘 점심은 아주 푸짐한대!

앗, 먹을 거다!

번 쩍!

제가 가서 조금 얻어 오죠.

실례하오. 며칠 동안 한 끼도 먹지 못해 배가 고파서 그러니……

먹을 걸 달라고?

옜다!

이건 진흙?

이 거지 좀 봐!

하하!

아무리 그래도 진흙을 주다니!

따끔한 맛을 보여줄 테다!

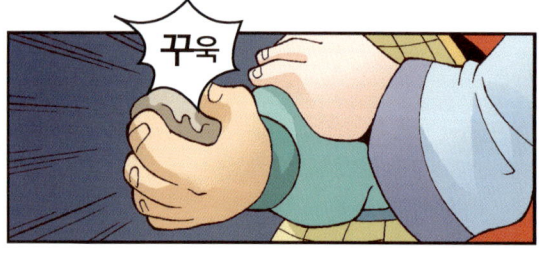

꾸욱

진흙은 땅입니다. 백성이 땅을 주었으니 좋은 징조가 아닙니까?

장인의 말이 맞습니다. 얼른 제나라로 갑시다!

진흙은 진흙이지, 땅은 개뿔 ......

제나라

환공을 뵙게 돼 영광입니다.

어서 오시게!

그 유명한 진나라 공자 중이 아니오?

지금은 그저 떠돌이 공자일 뿐입니다.

내 친척 중 제강이란 아이를 아내로 맞이하면 어떻겠소?

저야 감사할 따름입죠.

쏴아쏴

제강 부인이 기른 누에가 다 자랐으니 오늘은 뽕잎을 많이 딸 수 있겠어.

사뿐 사뿐~

171

지금 이오와 진백 간에 싸움이 붙어 나라가 어지러우니 정권을 뺏을 절호의 기회입니다. 그런데 공자님은

이곳의 안일한 생활에 빠져 돌아갈 생각을 안 하시니……

알았다. 공자님을 돌아가게 만들 방법을 생각해 보도록 하자.

공자님이 날마다 술에 취해 있으니 마차를 준비했다가 싣고 가면 어떨까요?

얼른 부인에게 알려야겠다.

쑥덕 쑥덕

172

귀국하신단 얘길 들었습니다. 정말 잘 됐어요!

내가 어떻게 당신을 놔두고 돌아간단 말이오. 절대 그럴 일 없소.

여기서 향락에 빠져 있다간 미래가 없습니다.

권력 투쟁에 신물이 난 데다 다신 유랑 생활 하기 싫소.

쿵!

절 용서하세요. 당신은 대업을 이루셔야 해요.

어째, 좀 아프겠다……

173

다다다

앗!
여기가 어디?

빨리 제나라로
돌아가요!

제나라에서 너무
멀리 와서 돌아갈
수 없습니다.

지금 날
협박하는
거요?

사실 부인이
제나라를
떠나도록 도와
주었습니다!

그건
뭔 소리요?

부인은 공자님이
큰일을 이루시길
바라고 있습니다.

제강이
……

중이는 먼저 송나라에 도착했다. 송 양공이 중이에게 수레 20대를 내주었으나 송나라는 초나라와의 전쟁에서 패하여 군사를 지원할 여력이 없었다. 중이는 다시 조나라와 정나라를 거쳐 초나라에 이르렀다.

진나라로 귀국하면 내게 어떻게 보답할 생각이오?

금은보화야 여기도 넘치니 무엇으로 보답해야 좋을까요?

설마 보답하지 않겠다는 말은 아니겠지요?

의심도 많군. 방금 뭘로 보답하냐고 물었잖아!

내가 진나라로 귀국하면 귀국과 우호를 맺고 양국 백성이 편안히 살도록 하겠소. 만일 양국 간에 전쟁이 발생한다면 먼저 군대를 90리 물리리다.

방금 중이의 말은 얼토당토 않습니다!

나중에 은혜를 저버릴 놈이니 차라리 죽여 버리십시오.

중이는 포부가 원대하여 하늘도 그를 돕고 있다.

하늘의 뜻을 어기고 그를 죽인다면 큰 재앙이 닥칠 것이다.

초 성왕은 중이를 이오와 원수 관계인 진秦나라로 보냈고, 진 나라는 중이가 진晉나라 군주에 오르도록 도왔다. 중이는 19년 간의 망명 생활을 끝내고 진나 라로 돌아와 마침내 춘추오패 중 하나인 진 문공에 올랐다.

산에 불을 놓아 개자추를 찾다

기원전 636년, 19년 동안 타국을 떠돌던 중이는 진나라의 도움으로 군주 자리를 빼앗았다. 오랫동안 그를 따랐던 신하들도 희망에 부풀어 귀국길에 올랐다.

황하를 건너면 바로 진나라구나. 얼마 만에 돌아오는 고향인가!

개자추, 그건 무슨 물건이오?

망명 때 썼던 겁니다.

하하, 이제 그런 건 다 버리시오.

귀국하면 새 걸로 바꾸면 되는걸.

헉! 저건 짐 보따리 인데.

풍덩

둥둥

공자님을 모시는 건 여기까지입니다.

호언, 여러 해 동안 동고동락했는데 그게 무슨 말이오?

공자님을 19년간 모시면서 많은 잘못을 저질렀습니다.

제게 주신 옥벽을 거두어 주십시오.

나라 안에는 인재가 무수한데 저희 같은 늙은이들이 무슨 필요가 있겠습니까!

저희는 찢어진 돗자리처럼 주공의 눈에 차지 않을 것입니다.

내 어찌 빈천할 때 일을 잊을 수 있겠소?

귀국 후 내가 여러분의 은혜를 잊는다면 이 강에 빠져 죽을 것이오!

물의 신이 증명하리다!

돌아가면 여러분 모두에게 꼭 큰 상을 내리겠소!

둥둥

스르륵

꺄오!

말씀만으로도 감사합니다.

공자님이 진나라를 강국으로 만든다면 지금까지의 고생은 헛된 게 아니야.

중이가 귀국한 후 그를 따랐던 사람들은 모두 상을 받았는데 오직 개자추만이 받지 못했다.

주공이 어째서 유독 너만을 잊은 게냐?

어머니, 헌공의 아홉 아들 중 오로지 주공만이 남았습니다. 제가 따르지 않았더라도 그는 군주가 되었을 것입니다.

그런데 신하된 자가 이를 자기의 공이라고 여기는 것은 하늘의 공을 훔치는 것과 같습니다.

아홉 아들? 하늘의 공을 훔쳐?? 좀 천천히 말하거라.

이런 신하들은 도둑질을 도의라 여기고 군주도 그들에게 상을 주니 서로 속이는 것이 아니고 무엇입니까?

저는 그런 자들과 얼굴을 맞대기 싫어 면산에서 은거할 생각입니다.

은거?! 꼭 그렇게까지 해야겠니?

주군에게 상을 내려 달라고 부탁해 봐라.

가난하게 살다 죽으면 네가 너무 억울하잖니.

저는 명리를 탐하는 사람을 경멸합니다. 어떻게 똑같은 짓을 하겠습니까?

적어도 주군이 널 잊지는 않게 해야지.

주군을 만나는 건 언행 불일치와 같습니다. 전 산속에나 들어가렵니다.

단호!

그럼 나도 같이 갈 테다!

어머니는 저를 이해해 주시는군요.

녀석, 고집하고는.

주공이 은혜를 저버렸다는 노래가 거리에 널리 퍼져 있습니다.

뭐?! 개자추가 면산에 은거한다고!

음— 내가 어쩌다가 개자추를 잊었지?

개자추가 누군가요?

전에 망명 생활 중에 제나라로 가던 길이었는데……

다각

다각

너무 배가 고파……

어쩐다……

먹을 것을 좀 준비했습니다.

참새 몇 마리로 보글보글 탕을 끓였습니다.

오! 냄새가 좋구나.

후루룩

냠냠

히야~ 그야말로 진미로구나!!!

개자추, 그대도 좀 맛보게.

아뇨. 전 괜찮습니다.

왜 먹지 않겠다는 건가?

윽!

그대 다리가 ......

피!

그럼 그 탕은 개자추가 자기 허벅지를 베어 끓인 거란 말이죠?

맞아. 정말 충성스런 신하였지.

내 직접 대신들을 이끌고 면산으로 가겠다!

개자추가 산에서 안 나오며 끝까지 버틴다고?

주공께서 직접 왔는데, 나오지도 않다니! 이런 무례한!

고작 허벅지를 베었을 뿐인데 이렇게 많은 사람을 동원하는 게 말이 돼?

그러게요. 개자추를 어찌 호언 대인에 비하겠습니까.

개자추를 산에서 나오게 할 묘책이 있습니다.

당장 말해보게.

개자추는 효자라
산에 불을 지르면
어머니를 위해서라도
반드시 나올겁니다.

오, 좋은
방법이오!

화르륵!

이미 숨어 살기로
마음먹었는데 어찌
쉽사리 뜻을 꺾을
수 있단 말인가!

아……
아들아.

개자추는
내가 죽인 거나
다름없다.

불이
났는데도
나오질
않다니
……

매년
이날은 불을
피우지 마라!

이날은
한식*을 먹으며
개자추를
추모하리라.

개자추는 부귀영화를 탐하지
않고 진 문공의 상을 단호히 거
부하다가 면산에서 불타 죽었
다. 한식은 중국 역사상 최초로
사람 목숨을 기린 기념일이다.

* 한식寒食
동지에서 105일째 되는 날, 불을 피우지 않고 찬 음식을 먹는 풍속은 진나라의 충신 개자추를 애도한 데서 유래했다.

진 문공이 90리를 물러나다

기원전 634년, 초 성왕成王은 대장 성득신*을 파견해 송나라를 공격했다. 다급해진 송 성공成公은 진晉나라에 구원을 요청했다.

초나라가 송나라를 공격한다고?

송나라에 구원병을 보내 주십시오. 상황이 다급합니다.

이는 진나라의 위엄과 명성을 과시할 좋은 기회입니다!

나는 줄곧 제 환공처럼 중원의 패자를 원했다. 이를 위해 세력이 막강한 초나라를 반드시 물리쳐야 해. 지금 그 기회가 왔구나.

* 성득신成得臣
초나라의 장수. 송나라를 격파하는 데 큰 공을 세웠지만 성복 전투에서 진나라에게 패하고 자살했다.

189

망명 생활 때 양공이 나를 크게 예우했다. 그 은혜에 보답코저 송나라에 구원병을 보내겠다!

정말 감사합니다!

송나라의 포위를 풀기 위해 진나라는 먼저 초나라에 귀순한 조, 위 양국을 공격했다. 송나라를 포위 공격하던 초 성왕은 이 소식을 듣고 성득신을 남겨둔 채 조, 위를 도우러 갔다.

조, 위가 진나라 군대에 대패하고 군주는 포로로 잡혔습니다.

뭐라고?

진나라가 과거의 진나라가 아니니 싸워서 득이 될 게 없다. 얼른 철수하라!

성득신 장군이 곧 송나라를 격파할 텐데, 왜 철군하십니까?

명령이다. 성득신에게 당장 철수하라고 일러라!

아...... 예!

송나라

성 장군, 대왕께서 철수하라는 명을 내리셨습니다.

뭐라?

며...명령 이라고!

송나라 격파가 눈앞에 있는데 철수라니?

탁~

이런 기회를 놓칠 순 없다.

대왕께
송나라를 점령하고
돌아간다고 아뢰
어라.

하지만, 대왕의
명령인데…
어찌……

대왕에게 전하라.
진나라 군대를
만나면 결사전을
벌이겠다고.

만약 실패하면
군법에 따라
처벌받겠다!

성득신은 성왕의 명을 거부
하고 송나라에 남아 진나라
와의 결전에 대비했다.

장군, 진나라와
힘으로 맞서
싸워서는 이로울
게 없습니다.

완춘, 자네마저
철군하자고
말하는 것이냐!

아닙니다. 제게
진나라와 송나라를
이간질할 계책이
있습니다.

오!

진나라에 사람을 보내 조, 위 양국 군주를 석방하라고 담판 짓는 겁니다. 응낙하면 우리도 손해가 아니니 그때 철수하면 됩니다.

응낙하지 않으면 송나라를 공격할 명분이 생기니 송나라가 그들을 원망할 겁니다.

정말 절묘한 계책이다!

호언, 성득신의 요구를 받아들여야 할까요?

이는 우리와 송나라 사이를 이간질하려는 계략이니 장계취계*를 쓰면 됩니다.

조, 위 양국 군주에게 초나라와 단교하는 조건으로 왕위를 회복시켜 준다고 하십시오. 성득신은 분명 이에 격분해 송나라의 포위를 풀고 우리와 결전을 벌일 겁니다.

장계취계가 뭔지는 알지?!

---

* 장계취계將計就計
상대의 계략을 미리 알아채고 그것을 역이용하는 계책.

오호!
정말 훌륭한
계책이오.

성득신 진영

기어이
내 성질을
돋우는구나!

이크!

탁

조, 위는
양심도
없습니다!

자기들을 구해
주러 왔는데 우리
뒤통수를 치다니요!

이건 분명 중이
그 도적놈 핍박
때문이다!

전군은 즉각 진나라 진지를 향해 출격하라!

다그닥

진나라 진영

성득신이 대군을 이끌고 몰려옵니다!

전군에 군사를 물리라 명하라!

네?!

우리는 군주가 거느린 군대고, 저쪽은 신하가 이끄는 군대인데 어찌 군주가 신하에게 양보한단 말입니까?

전에 초왕이 주군을 도왔을 때 진나라가 90리를 양보하겠다고 약속한 일이 있다.

어째서죠?

지금 그 약속을 지키려는 것이다.

??

싸움은 도리에 따라야만 떳떳한 법이다.

우리가 신뢰를 잃으면 도리에 어긋나게 된다.

우리가 군대를 물리는데 저들이 공격을 멈추지 않으면 그들이 도리를 어기는 게 되겠군요.

응~ 응~

하하, 맞는 말이다!

우리는 떳떳하게 그들과 싸울 뿐이다!

진나라가 군대를 물렸습니다.

이 도적놈을 절대 놓쳐서는 안 된다!

중이가 겁을 먹었나 보군!

진나라가 90리를 도망가서 멈췄다. 그들과 고양이 쥐 잡기 놀이나 즐겨 보자, 우하하하!

하하하!

197

진나라도 우리 체면을 살려 주었으니 이참에 퇴각하시죠.

흥! 중이를 그리 쉽게 놔줄 수 없다!

여봐라, 이 포고장을 중이에게 보내라!

예!

원수를 갚을 때가 왔다. 돌격!

와다다~

다다다!

휙!

하하, 공격하자마자 도망가다니. 빨리 뒤를 쫓아라!

와와~

둥둥

잉? 북소리가? 진나라가 무슨 꿍꿍이지?

둥둥둥

돌격하라!

이번 성복城濮 전투의 승리로 진나라는 위세를 크게 떨쳤고, 초나라는 오랫동안 감히 중원으로 진출하지 못했다. 진나라는 이 승리를 통해 패업의 기초를 다졌다.

기지로 진나라를 물리친 현고

진 문공은 초나라를 대파한 후 제후들과 회합을 가졌다. 그런데 정나라가 진나라와 맹약을 맺고서도 몰래 초나라와 동맹을 맺자 진秦나라와 연합해 정나라 토벌에 나섰다.

정나라

진나라 연합군이 쳐들어오니 어떡하면 좋겠소?

에휴

전쟁 지겨워.

제게 진秦나라를 물러나게 할 좋은 계책이 있습니다.

촉지무, 무슨 방법이오?

제가 진나라 군주를 설득해 보겠습니다.

좋소, 바로 출발 하시오.

연합군의 공격으로 정나라는 망하고 말 것입니다.

그거야 당연하지.

진秦나라는 정나라와 아주 멀어, 정나라가 망하면 진晉나라가 그 땅을 소유하여 세력이 더욱 커질 겁니다.

진나라가 오늘 정나라를 멸하고 내일 진秦나라를 친다면 대왕에게 무슨 이익이 있겠습니까?

귀가 번쩍 뜨이는 말이로군!

그럼 정나라와 강화를 맺겠소.

우리가 철군한 후 진나라 침공에 대비해 장수 3명과 군사 2천 명을 남겨 두겠소.

감사합니다!

현명하신 판단입니다.

진秦나라와 정나라가 동맹을 맺었다는 소식을 듣고 진나라 진영은 크게 격분했다.

멋대로 철군한 진나라를 추격해 공격해야만 합니다.

진나라가 북문에 남겨둔 군사를 쓸어 버립시다!

그건 안 될 말이오. 진나라 군주의 도움이 없었다면 나도 이 자리에 없었소.

그럼 어쩌 시려고요?

정나라를 우리 쪽으로 끌어들인 후 철수합시다!

예, 명에 따르 겠습니다.

정나라가 진秦나라와의 동맹을 파기하고 진나라와 맹약을 맺었다는 소식이 진 목공의 귀에 들어갔다.

비열한 정나라 놈들! 진晉나라와 맹약을 맺다니!

이참에 정나라에 본때를 보여주시죠!

忍忍

지금은 굳이 진나라와 얼굴을 붉힐 필요 없다. 때가 되면 반드시 복수하겠다!

기원전 628년, 진 문공과 정 문공이 잇달아 병사했다. 이에 정나라 북문을 지키던 진나라 장수는 정나라를 멸망시킬 좋은 기회로 여겨 진 목공에게 몰래 사람을 보냈다.

다그닥

드디어 정나라를 공격할 기회가 왔다!

진나라는 문공의 장례도 치르지 않았습니다. 이 틈을 타 정나라를 치면 절대 끼어들지 못합니다.

맞는 말이오.

게다가 북문이 우리 수중에 있으니 기습을 가하면 틀림없이 성공할 수 있소!

기습 공격은
다시 고려해
주십시오.

대군을 이끌고
멀리 있는 나라를
기습한다면 누가
속겠습니까?

우리는 먼 길을
달려오느라
피로하고 저들이
대비하고 있다면
절대 이길 수
없습니다!

건숙, 그게
무슨 말이오?

모르는 말씀!
이 계책은
이미 정해졌소.

그대의 아들
서걸술과 백을병을
맹명시의 부장으로
삼아 함께 갈 것이오!

아!

대군의 출발은
보고 있지만
살아 돌아오는 모습은
못 보겠구려!

흥,
땅속에 먼저
묻힐 사람은
바로 너다!

군대가 돌아올
때쯤 네 무덤에
심은 나무가
한아름이나
자랐을 것이다!

아들아……

아버지!

우리 군대는 효산에서
진나라의 기습을 받고
몰살할 것이다. 불쌍한
너희들 시신은 내가
잘 수습해 주마.

아버지……

엉 엉

출병도 하기 전에
그런 재수없는
말씀을 굳이
……

눈물겨운
장면이구먼!

거기 서서 뭐하는 건가? 빨리 출발하라!

옙!

이번엔 물품이 많아 큰돈 좀 만지겠어요?!

아무렴 그렇지. 살찐 소 12마리만 해도 얼만데!

다다다

저건 뭐지?

현고, 진나라가 정나라로 쳐들어 오고 있대!

덜컹

덜컹

장사는 그만두고 얼른 다른 나라로 피해!

뭐…뭐?!

교활하게도 진 문공이 세상을 떠난 틈을 타 공격하다니. 속히 임금에게 알려야겠다.

방법은 있다!

진군 속도가 너무 빨라 소식을 알려도 대비할 시간이 없겠어요.

내가 진나라의 진군을 늦출 테니 넌 빨리 가서 소식을 알려라.

옙! 바로 가겠습니다!

진 진영

정나라 사신이 장군을 뵙자고 청합니다.

헉! 빠… 빠르다.

무슨 일이지?

우리 임금께서 세 장군이 온다는 애길 듣고 특별히 선물을 보내셨습니다.

그래?!

정나라는 척박하여 좋은 물건이 많이 없지만

소가죽 4장과 소 12마리로 성의를 표합니다.

헉!

음매~

우린 당신 나라로 가는 길이 아니니 염려 말고 돌아가시오.

소야? 멧돼지야?

장군께서 정나라로 오신다면 극진히 접대하겠습니다.

그럼 저는 이만.

정나라

210

얼른 북문으로 가서 진나라 군대의 동정을 살펴보자!

북문

말을 배불리 먹이고 무기를 잘 갈아 놓아라! 곧 대군과 호응할 것이다.

정말 안팎으로 호응하여 우릴 공격할 생각 이었군!

콰앙

아!

여러분이 정나라에서 너무 오래 머물러 더는 댈 양식이 없소!

곧 떠난다고 하던데 어서 가시지요.

휴, 그냥 진나라로 돌아가야 겠구나.

현고는 기지를 발휘해 군사를 한 명도 쓰지 않고 정나라를 멸망의 위기에서 구해 냈다.

진秦과 진晉의 효산 전투

맹명시, 서걸술, 백을병이 거느린 진나라 대군은 정나라 기습에 실패하자 활나라를 멸하고 귀국길에 올랐다. 이때 진晉나라가 이 소식을 듣고 긴급 회의에 들어갔다.

진나라가 비열하게 선군의 시신이 식기도 전에 우리 동맹국을 공격했다!

정나라를 기습하려던 진나라 군대는 분명 효산殽山을 지날 겁니다.

효산은 지세가 험하여 매복 공격이 수월하니 그들을 물리칠 좋은 기회입니다.

선진*, 우린 아직 진나라가 선군에게 베푼 은혜에 보답하지도 못했는데 도리어 공격한다는 게 말이 되나?

* 선진先軫
진晉나라의 맹장. 진 양공이 포로로 잡은 진秦나라의 장수를 풀어 준 데 격분해 당당하게 죽음의 길을 선택했다.

난지, 아직도 그런 진부한 논리에 빠져 있소?

뭐, 진부?

진나라는 우리 선군이 돌아가셨는데 문상은 커녕 동맹국을 공격했소.

이런 무례한 나라에 무슨 보답을 한단 말이오?

저들을 돌려보내면 후환이 남을 것입니다.

자손을 위해서, 또 돌아가신 선군을 위해서 반드시 토벌해야 합니다!

됐으니 그만 다투시오!

주공, 공격 명령을 내려 주십시오!

선진의 말이 옳소. 무례한 저들에게 따끔한 맛을 보여줄 필요가 있소!

출병에 동의하시지요?

물론.

내가 검은색 상복을 입고 직접 진나라 군대를 토벌하겠다!

다다다

효산

백을병, 효산에 다다랐어.

그래, 서걸술. 아버지가 하신 말씀 기억나?

진나라가 효산에서 매복 공격해 우리 시신이 여기 묻힐 거라고요……

덜 덜~

건숙이 뭐라고 했나?

그 늙은이가 정말. 진나라 군사는 그림자도 안 보이는구먼. 군심을 어지럽히지 마라!

예……

쏴~아

어, 무슨 소리지?

바람소리니 신경 쓰지 마.

다다다

이곳은 지세가 험해서 조심하는 게 좋겠어요.

매복이 있을지도. 조심 또 조심!

다다다

진나라 군대의 동향은 어떤가?

진나라 군대가 우리 매복 범위 안에 들어왔습니다.

좋다! 출격하라!

와와~

와~

진나라 군대가 정말 매복하고 있었어!

설마 여기서 죽는 건 아니겠지?

글렀어, 끝장이야.

적군이 몰려온다! 두려워할 시간 있으면 그 시간에 포위를 뚫어라!

그래, 죽기 살기로 싸우자!

와

적장들은 이미 포위망에 갇혔습니다.

오, 잘했다!

저들을 꼭 산 채로 데려와라!

예!

진(秦)나라

어머니, 제가 진나라를 대파하고 장수 셋을 사로잡았습니다.

뭐라고?

잘했죠?

나는 본래 진秦나라 사람이다. 내가 선군에게 시집와 양국이 인척 관계를 맺고

줄곧 서로 도왔는데, 어쩌다 이 지경이 됐느냐?

그들을 죽이면 양국의 원한이 더 깊어질까 두렵다.

어머니의 생각을 말씀해 보십시오.

그들을 풀어 주고 진나라가 알아서 하도록 해라.

하지만, 그건……

아닙니다. 어머니 명에 따르겠습니다.

신하들이 뭐라고 할텐데……

이제 군주가 되었다고 내 말을 거역하는 게냐!

진 양공이 적장들을 석방하자 화가 난 선진이 진 양공을 찾아와 따졌다.

주공, 왜 맹명시 등을 풀어 주셨습니까?

어머니의 부탁이라 어쩔 수 없었네.

장병들이 목숨을 걸고 싸워 사로 잡은 적장을 아녀자의 몇 마디 말에 풀어 주는 게 가당키나 한 일입니까!

이는 자신의 전공을 훼손하고 적의 사기를 높이는 일입니다!

뭐, 어머니 부탁? 마마보이였구만!

이러다간 이 나라도 얼마 못 가 망합니다!

퉤!

아니, 그렇다고 침을!!

221

선진의 말이 옳아.
애초에 그들을
풀어 주는 게
아니었어.

양처보,
당장 그들을
추격해 데려
오시오.

예!

이런, 저들이
벌써 배에
올랐어.

옳지!

장군은 잠시
멈추시오!

주공께서
특별히 명마를
선물하셨소!

흥! 애들도 속아
넘어가지 않을
잔꾀를 부리는군!

킥킥······
그러게
말입니다.

풀어준 것도
고마운데 어찌
감히 선물까지
받겠습니까!
돌아가서 목숨을

보전한다면
3년 후 반드시
진왕의 은혜를
갚으리다!

오~~~
돌아왔구나!

패장이 주공께 죄를 청합니다!

맹명시, 어서 일어나시오!

이건 모두 건숙의 말을 듣지 않은 내 잘못이오.

군사를 부지런히 조련해 이 치욕을 꼭 씻겠습니다!

3년 후 진秦나라는 절치부심*하여 마침내 진나라를 대파했다. 진 목공은 효산으로 가 3년 전에 죽은 장병들의 유골을 산언덕에 묻고 제사를 지내 주었다.

삼가 고인의 **명복을**~

* 절치부심切齒腐心
이를 갈고 마음을 썩히다는 뜻으로 몹시 분하여 복수심에 불타는 사람의 태도를 이른다.

진 목공이 서융을 제패하다

기원전 626년, 진秦나라 는 진晉나라에게 다시 패했다. 이듬해 진晉나라는 송, 진陳, 정 세 나라와 연합해 진나라 국경을 공격하고 성 두 개를 빼앗았다. 이로써 진 목공의 동쪽 진출의 길은 진나라에게 꽉 막히고 말았다.

음, 동쪽에 진 나라라는 강국 이 있어서 패 업을 이루기 어렵겠어.

꼭 그렇지 않습니다.

백리해, 좋은 방법 이라도 있소?

진나라는 변방이라 서쪽으로 세력을 확장한 후 동쪽 각국에 변란이 발생하기를 기다렸다가 쳐들어가면 어렵지 않을 것입니다.

서쪽의 융적이 자주 국경에 출몰하여 골칫거리였는데,

이참에 서쪽을 평정하고 세력을 확대하면 일거양득이겠구려!

융적은 부락이 너무 많으니 가장 강한 부락부터 차례로 섬멸하십시오!

오, 그게 좋겠소!

지금 가장 강한 부락이 면제綿諸 아니오?

맞습니다. 면제는 우리와 영토가 접해 있어 공격하기 수월합니다.

자, 면제를 시작으로 서쪽을 정벌한다!

Start!

면제

이웃인 진나라가 매우 강성하고 군주도 유능하다는 것을 알고 계십니까?

우리 면제도 강하다. 설마 진나라 군주가 나보다 뛰어나겠느냐?

윽……

흥, 더 할 말 있느냐?

못 믿겠으면 진나라로 사람을 보내 확인해 보십시오.

그 말은 전부 사실입니다.

유여*, 너까지 그렇게 말하면 내가 면제를 잘못 다스렸단 말이냐?

아닙니다. 전 다만 진나라의 발전 이유가 궁금해섭니다.

그렇다면 네가 진나라에 사신으로 가서 살펴보고 오너라.

예!

* 유여由餘
융적 면제의 재상. 훗날 진 목공에게 중용되었다.

뭐? 융왕이 유여를 보냈다고?

왕료, 저들이 혹시 우리 계획을 알아챈 건 아닐까?

그럴 리 없습니다.

그럼 왜 사신을 보낸 거지?

융왕은 주공이 유능하단 말을 듣고 특별히 유여를 보낸 것입니다.

그렇다면……

기왕 염탐하러 온 것이라면 우리 실력을 똑똑히 보여주지!

이건 우리 진나라의 보물이오!

진나라 궁전은 확실히 화려하고 재물도 차고 넘칩니다. 다만……

다만 뭐요?

이 때문에 백성들이 너무 고생했을 것 같습니다.

흥, 이건 날 비꼬는 말이잖아!

정반대입니다. 예악과 법도가 바로 중원 각국에서 난리가 발생하는 이유입니다!

뭐라?!

중원에서는 예악과 법도로 나라를 다스려도 늘 난리가 일어나지. 오랑캐는 이런 것이 없으니 안정을 유지하기 너무 어렵지 않소?

황제가 예악과 법도를 만든 후 앞장서서 시행하고서야 천하가 겨우 태평해졌습니다.

후대 군주들은 사치와 교만이 심해져 법도를 죄를 묻는 용도로 사용하고 있습니다. 이로 인해 백성의 원망이 커져 결국 서로 죽이는 일이 벌어졌습니다.

오랑캐는 그렇지 않습니다.

군주는 순박하고 백성들은 정직하여 온 나라가 한 사람처럼 단결합니다.

오호~ 똑똑해!

한 나라의 일처리를 한 개인의 일처럼 하는 것이 곧 성인의 치국의 도 아닙니까.

하나도 틀린 말이 없어. 오랑캐 나라에 이런 인재가 있을 줄이야.

곰 곰~

뜻밖에도 융왕은 치국의 도를 알 뿐 아니라 유여라는 현자가 보좌하고 있네.

상황이 우리에게 불리한데 어떡하지?

융왕에게 예쁜 여자를 보내면 미색에 빠져 나랏일을 멀리할 겁니다.

그거 좋은 방법이군!

참, 그리고 유여를 우리 사람으로 만들면 좋겠는데.

유여를 진나라에 좀 더 머물도록 해 돌아갈 날짜를 놓치게 하십시오.

그럼 융왕의 의심을 사게 됩니다. 이때 진나라에 투신하게 하면 분명 성공할 수 있습니다!

간단합니다.

231

면제

이 가희들은 우리 주공이 드리는 선물입니다.

대왕, 안녕하세요!

와, 너무 예쁘구나!

우리 주공이 유여를 맘에 들어 하는 데다, 면제의 풍속을 좀 더 이해하기 위해 유여를 며칠 더 머물게 하겠습니다.

안 들림!

며칠 더 머물든 말든 그건 댁들이 알아서 하시오.

얘들아, 이리 오너라!

흐흐……

하하,
융왕이 과연
여색에 푹 빠져
나랏일을 멀리
하는구나.

유여가
뵙기를
청합니다.

어서
모셔 와라!

대왕의 은혜를
입고 여기서 오래
머물렀으니 이만
돌아가려 합니다.

그대가 돌아갈
날을 늦춘 건 사실
날 보좌해 주길
바랐기 때문이오.

네엣?

233

융왕이 내게 은혜를 베풀고 나랏일을 맡겼는데 어찌 배신할 수 있겠소?

그만 돌아가게 해 주시오!

진정한 충신이로다!

그럼 돌아가시오. 하지만 진나라의 문은 그대에게 활짝 열려 있소.

하하, 네 노랫소리가 날 녹이는구나!

한 잔 더 드세요.

대왕, 매일 술에 빠져서 나랏일을 놓은 지 오래 되었습니다.

귀찮게 자꾸 흥을 깨지 마라!

유여의 말이 옳습니다. 국사를 중히 여기옵소서!

한 번 더 떠들면 화살 맛을 보게 될 테다!

까악!

아, 이제는 주정까지 ……

융왕이 미색에 빠져 간언을 듣지 않으니 조만간 망하고 말 것이다.

진왕이 간곡하게 나를 부르니 차라리 그에게 가자.

235

유여, 드디어 오셨구려!

면제의 상황은 제가 훤히 꿰고 있습니다. 서융을 통일하신다면 미약하나마 힘을 보태겠습니다.

지금까지 바로 그 말을 기다렸소!

진나라에서 내 뜻을 펼치리라!

기원전 626년, 진 목공은 서융 정벌에 나서 전광석화처럼 면제를 포위하고 융왕을 사로잡았다. 이후 20여 개 부락이 잇달아 진나라에 귀순하면서 서융 정벌에 성공했다.

다음 권에 계속됩니다…